思いどおりの
カラダに
なれる！

正しい体幹トレーニング

Ariyoshi Method

コンディショニング
トレーナー
有吉与志恵 著

プロローグ

科学で証明された事実から、筋肉を正しいトレーニングで鍛える。それが本当の体幹トレーニングです

この本を手に取られた方は「体幹」に興味のある方ですね。最近、本屋をのぞいてみるとたくさんの「体幹本」があります。体幹やコアといったことが、トレーニングに必要だと認知されたことはうれしく思います。

２００６年に初めて「コアトレ」について書いた拙本を出版させていただきました。当時の反応は「?」でしたが、10年たってやっと認知されたという思いです。

反面、間違ったトレーニングをしている場面に

Real Core Training

遭遇すると、「正しい情報を知ってほしい」と切に思うのです。広義のコアは「体幹部を構成するすべての骨、それを支えるすべての筋肉、さらに動きの中で変化し得る軸や重心の総称」。これが体幹です。そして狭義のコアは「インナーユニット＝コアの筋肉。横隔膜《おうかくまく》、腹横筋《ふくおうきん》、多裂筋《たれつきん》、骨盤《こつばん》底筋群《ていきんぐん》」です。初めて書いたのが２００６年。それから現在にいたるまで、10年分の思いをわかりやすく本書にぶつけました。

　筋肉については、科学的にいろいろなことが証明されています。そのことを、具体的にトレーニングに落とし込むことで、はじめて良い結果が出るのです。

　とってもおもしろい筋肉の世界をのぞいてみてください。

腰痛の原因はコアにあり

“お腹ポッコリ”“ウエストが太い”そんな人は腰痛になる可能性があります

腰痛は、スポーツをしている、していないにかかわらず、どの年代の方にも多い故障です。デスクワークや立ち仕事など、同じ姿勢でいることの多い生活が腰痛の原因といわれますが、その原因となっている筋肉はすべて「コア」といっても過言ではありません。

コアの筋肉がきちんと働くと背中の筋肉の負担が減る、という理論背景があります。このことはあまり知られておらず、腰痛の原因は「腹筋や背筋が弱いから」と思い、腰痛予防に腹筋や背筋運動を行う方が多いようです。

お腹が出ているのは、コアの筋肉が衰えているから。放っておくと腰痛になる可能性が

私の元を訪れた、57歳の男性もそのお一人でした。毎朝、腹筋・背筋・腕立て伏せを100回ずつやっていたにもかかわらず、ある日突然腰が痛くなり、動けなくなったのです。見れば胃の下あたりからポッコリとお腹が張り出しています。そこで、コアの筋肉の代表である腹横筋《ふくおうきん》が正しく使えるように、背骨まわりの筋肉を整え、コアトレを処方しました。その日のトレーニングが終わるころには、ポッコリお腹が消えていました（笑）

　これは背骨の湾曲を整え、腹圧を上げる腹横筋のトレーニングを行った結果。以来、その男性は腹筋や背筋のトレーニングをやめました。ときどき腰が痛くなると「お腹がポッコリしているからだよね……」と、自覚もできるようになり、ご自分で予防のトレーニングをしています。

　このように、ウエストが太い方、お腹が出ている方にはコアトレを処方します。後ほど詳しく書きますが、お腹をコルセットのように取り巻いているコアの筋肉には、お腹まわりと姿勢を支える働きがあります。コアがきちんと働くと、ウエストがキュッとくびれます。コアが働かないと、背骨の並びがゆがみ、お腹がポッコリ出てきます。お腹ポッコリは、腰痛へのサインなのです。

猫背に見えるスタイルも
じつは胸椎《きょうつい》が原因!?

ある52歳の女性は、ドクターに五十肩と診断され治療を続けましたが、しばらくしても一向に改善しなかったため、私のところに来ました。

お仕事はデスクワーク中心で、長いときには4〜5時間座りっぱなし。夜、寝ていて肩にしびれを感じたのが最初、そのうち肩の動きが制限され、病院へ行ったそうです。痛みはどんどんひどくなり、電気治療やリハビリを3カ月続けましたが改善せず、「動かした

五十肩の原因は
肩ではなく
胸椎だった

ほうがいいのでは？」と自己判断し、コンディショニングを決心されました。

　姿勢を見ると、腕がカラダの前にあり、猫背に見えます。ご本人も自分は猫背だと思っていたようです。でも、胸椎（背骨の上部）の骨の並びは真っすぐ。ストレートといわれる並びです。腕が前にあって、胸椎がストレートであるために、胸郭《きょうかく》（ろっ骨）の動きと肩甲骨《けんこうこつ》の動きに制限が出ていたのです。つまり、肩が痛む原因は胸椎にあったというわけ。どうりで、肩をいくらリハビリしても改善しないわけです。

　私が行ったのは、胸椎・胸郭の動きの改善と、腕・肩の動きと体幹の動きの連動。これで五十肩はすっかりなくなり、猫背に見えていたスタイルも改善されました。

肩が痛いとき、肩まわりをケアしても痛みが消えなかったら、原因は別にあると疑おう

肩下がりは いずれ変形性股関節症か ヒザ関節症に

O脚、X脚、脚の太さが気になる方は、背骨が原因かも

鏡を見て片方の肩が下がっている、頭が傾いているという方は、背骨が横に倒れている「側屈《そっくつ》」という姿勢の持ち主です。

63歳の女性は、歩くとき左右にブレがあり、つまずきやすく、長く歩くと疲れやすいと訴えていました。股関節に痛みもありましたが、「まだ手術する必要はない」とドクターからいわれ、「早く治したい」とご入会。

見ると右肩が下がり、カラダを倒しながらバランスをとっている姿勢でした。なるほど、歩くときに横ブレが起きるわけです。左右にブレるとカラダの重さを脚が支えることになり、股関節やヒザの負担が大きくなります。

歩くという動作の中で、背骨は小さな回旋運動（小さなねじれ）で真ん中を維持しています。その真ん中の感覚が崩れてくると、背骨の側屈でバランスを取ります。

側屈をつかさどる筋肉は、筋の力の発揮が大きいため力

は出しやすいのですが、骨盤のゆがみを誘導します。結果、股関節やヒザ関節のゆがみにまで発展するのです。

そこでこの女性には、骨盤まわりの体幹トレーニングを行いました。結果、肩の高さは左右で整い、脚が太くX脚気味だった脚は真っすぐに。歩きのブレもなくなり、歩く姿勢もきれいになったと喜んでくださいました。

背骨のゆがみは、脚に大きな負担をかけ、X脚やO脚になります。これが高じると関節の負担が大きくなるので、変形性の関節症をも発症してしまうのです。

コアや体幹が整うと、手脚にかかる負担が減るため、このような疾患の発症を予防できるのです。

背骨のゆがみが原因で脚に負担がかかるとO脚やX脚になりがち

思いどおりのカラダになれる！

正しい体幹トレーニング

Contents

Chapter 1

Chapter 2

Chapter 3

Chapter 4

実例

間違いだらけの体幹トレーニング

Chapter 1

模倣型トレーニングの怖さ

トレーニングをするとき、何に気をつけていますか？
多くの方は、ご自身のカラダを理解しないまま、世の中にあふれるエクササイズの形をまねして、効果を期待してがんばります。〝お腹がへこむ〟〝脚が真っすぐになる〟〝海外で大流行〟というような言葉に魅了され、期待して取り組むのです。

ＤＶＤを見たり、指導者の動きをまねしたりすると、なんとなく「できた気」になってしまいます。カラダの動かし方を習うのではなく、「できたかできないか」「同じ形になっているか」というように、トレーニングをするとき「形のまね」でカラダを動かす習慣が私たちにはついてしまっているのです。

また、リキんで力を発揮し「きつい、つらい」が効いているとカン違いしています。

Check

形をまねても効果は出ない！

形をまねすることが怖いのは、本当に動かしたい筋肉に刺激を与えられていないことです。まねするだけでは、使わなくていい筋肉まで使ってしまい、その結果、カラダは違う反応をしてしまいます。これを専門的には「代償運動」といいます。

結果的に、ほしいカラダは手に入りません。さらには、カラダを痛めることもあるのです。

本来はきちんとしたトレーニングでも、まねだけでは「効果的ではなくなる」わけです。

そんなトレーニングが、世の中にあふれているのはとても悲しいことです。日本人ならでは、そして、あなたならではのカラダの特徴があります。ご自身のカラダを知って、自分に合う動き方、動かし方で、カラダづくりをしてほしいのです。

私は、運動は科学だと常々お伝えしています。機能解剖学や運動生理学、脳科学的に、理論で説明できるトレーニングが、正しいトレーニングなのです。

シンプルに見える腹筋運動だが、じつは多くの人がやり方を間違えている

腹筋運動の間違い

腹筋運動は、胴体をももに近づける運動だと思っていませんか？　じつは私が思う、トレーニングの中でもっとも多いカン違いが、この腹筋運動です。

腹筋運動＝シットアップ（Sit Up）は、腹直筋《ふくちょくきん》をトレーニングすることが目的です。しかし、きちんと腹直筋が使えず、首や股関節、ももの前、背中が痛いという反応を起こす方がいます。また、カラダを起こそうとしたときに、お腹がポコッとふくらむ方がいます。

これは、背骨と股関節をつないでいる筋肉が股関節を屈曲させて（胴体をももに近づけて）いるから起こることです。

つまり、腹筋運動を行っているつもりでも、股関節屈曲運動をしているだけで、腹筋には効いていないのです。

Check

腹筋をしてもも前や
首が痛くなる人は
やり方を
間違えているかも？

腹筋運動は「お腹をえぐるように」「お腹が平らなまま」という表現で指導します。

ときにはお腹を抑えて、腹直筋の反応を良くするよう促通《そくつう》（筋肉の反応を促すこと）を指導することで、お腹がふくらまない腹筋運動を意識づけます。

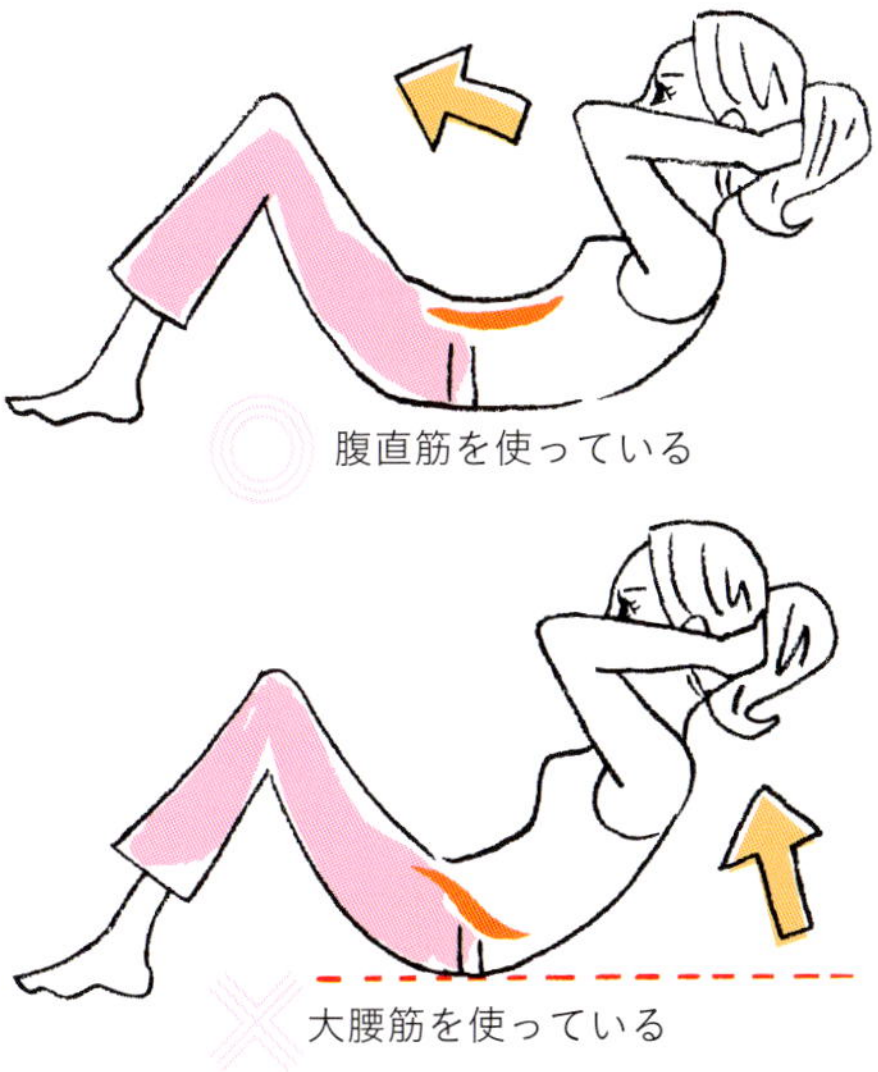

胴体をももに近づける運動は、単なる股関節屈曲運動。大腰筋は刺激されるが、腹直筋には効かないので、いわゆる腹筋運動にはならない。もちろん、お腹の筋肉が割れることはない

オンオールフォース（四つ這《ば》い）の間違い

よく「四つ這いの形」で手脚を上げた、体幹トレーニングをしているのを見かけます。

トレーニングの世界では、この形をオンオールフォースと呼んでいますが、四つ這いの形はコアトレの代表的なトレーニングと位置づけられています。

ところが、このトレーニングをしている方を見ていると、四つ這いの姿勢で片手、片脚を動かしているだけ。背骨はねじれているし、手脚を大きく動かすことでやった気になっているようす……。どうやら、「背中をまるめたり、反ったりするトレーニング」「手脚を大きく動かすトレーニング」「片手片脚でカラダを支えるトレー

Check

手首や肩が痛くなる、
腰が痛くなる人は
真ん中感覚を
意識できていない

ニング」と、カン違いをしているようです。カン違いしたままトレーニングを続ければ、手首や肩、腰に負担がかかるのは当然のことですし、とくに四つ這いトレーニングはハードな姿勢のため、そのリスクも高まります。

四つ這いトレーニングの本来の目的は、人間が最初に習得する背骨の動きと手脚の連動、赤ちゃんの〝ハイハイ〟を再現すること。手脚を動かすときに真ん中感覚を保つトレーニングです。

このように、体幹トレーニングには原理原則があり、それぞれのメニューに応じて感じてほしい体感があるのです。

真ん中を保つトレーニングが、四つ這いの目的

四つ這いの姿勢は、背骨が曲がりやすく、腰を痛める原因になる

体幹とはどこを指すのでしょう？

あらためてお聞きします。「体幹」とはいったいどこを指しているかおわかりですか？

体幹は読んで字のごとく、カラダの幹です。具体的には手・脚・頭を除いた胴体部分です。ここが土台となり、手脚が自在に動けるようになることが「体幹トレーニング」の目指すところです。

私たちは手脚を動かして日常動作を行っています。このとき、土台がしっかりしていないとカラダを支えることができず、姿勢を崩してしまうのです。姿勢が崩れると、見た目も悪くなりスタイルが保てません。脚が太くなる、O脚になる、ウエストがくびれない、猫背、お腹ポッコリ、腰痛、肩コリなどの悩みも、体幹がきちんと使えないことで起きる不具合です。つまり、体幹の使えていな

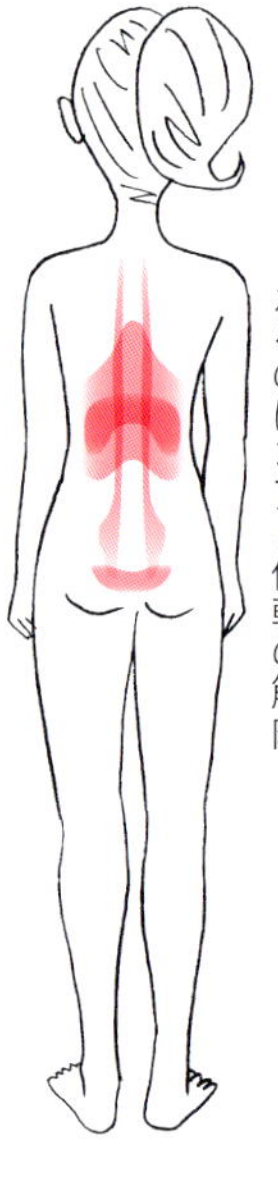

美しいスタイルと動きを支えるのはコアと体幹の筋肉

Check

体幹がきちんと働くと手脚はリキまず自在に動く！

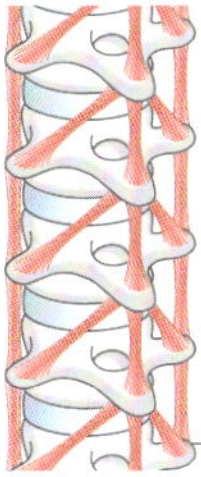

単関節筋は隣り合った関節をつなぎ、手脚の動きを安定させる。人の動きの土台となる

いカラダは、不調を起こすのです。

体幹の筋肉は、背骨・胸郭・骨盤を形成しています。なかでも、体幹の一番奥にある深層筋《しんそうきん》（コンディショニングの世界では「コア」と呼んでいます）は、背骨の動きを支え、背骨のS字カーブを保ち、内臓を支えてくれています。

そして、動くときに体幹と手脚をつなぎ、手脚の自在な動き、カラダのブレない安定感を支える筋肉が、胴体＝体幹の筋肉です。

体幹の筋肉の中でも、隣り合った関節をつなぐ単関節《たんかんせつ》筋《きん》は、手脚の動きを安定させるために働く深層筋です。これが動きの土台となります。

言い換えれば、動きをつかさどる表層筋が働くときに、手脚を支える体幹の深層筋が働かないと、カラダがブレ、手脚の動きに体幹がつられてしまい、力のロスが起きます。それがリキみです。

「コアと体幹」がきちんと働くカラダは、リキみがなく、手脚がしなやかに動きます。

コアの筋肉

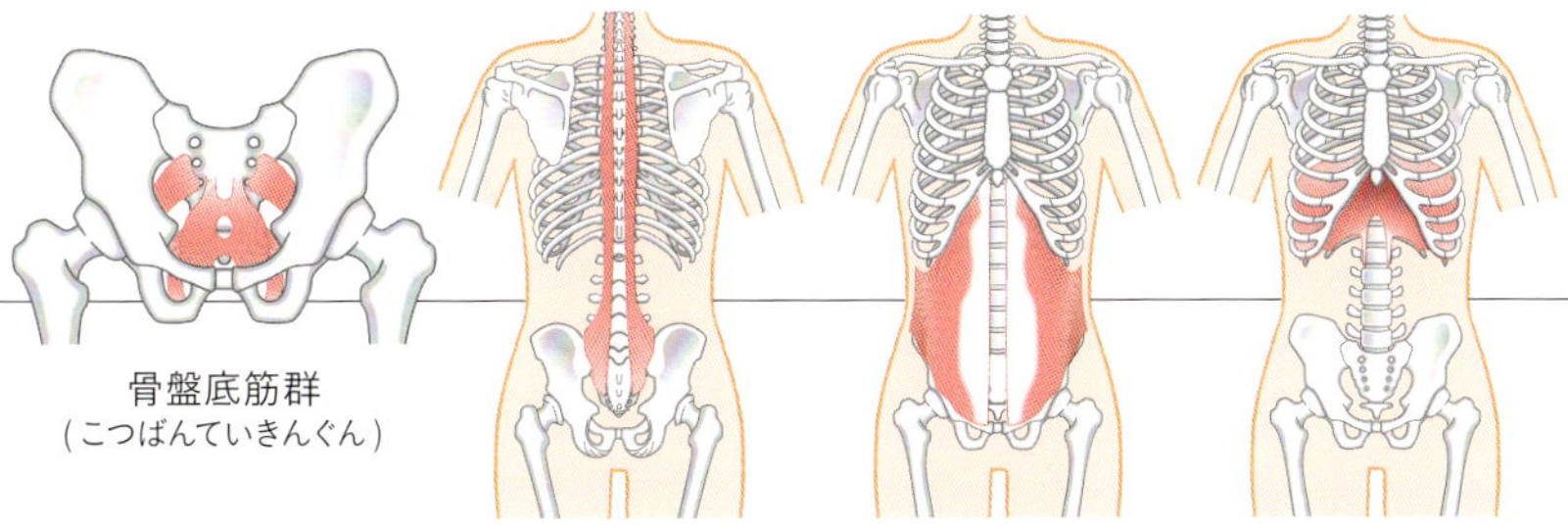

骨盤底筋群
（こつばんていきんぐん）

多裂筋
（たれつきん）

腹横筋
（ふくおうきん）

横隔膜
（おうかくまく）

体幹を整えると手に入るカラダ

その1

カラダを動かしているのは、筋肉と関節です。そして、姿勢の中心は背骨です。

背骨は頸椎《けいつい》7本、胸椎《きょうつい》12本、腰椎《ようつい》5本と、仙骨《せんこつ》、尾《び》骨《こつ》からなるS字の湾曲を描いている骨格です。このS字カーブは、私たち人間の二足歩行を支えるための生理的なカーブといわれ、歩く、走るなどで生まれる動きの衝撃を、筋肉にダイレクトに与えないための、クッションの役割をしています。

このS字カーブがゆがんでいる、という話をよく聞きます。これは、関節の並びが変化している状態のことで、骨自体がゆがんでいるわけではありません。

関節は骨と骨がぶつからないように、関節包《かんせつほう》という膜

Check

体幹は土台。
理想のS字カーブを
支えるのは筋肉

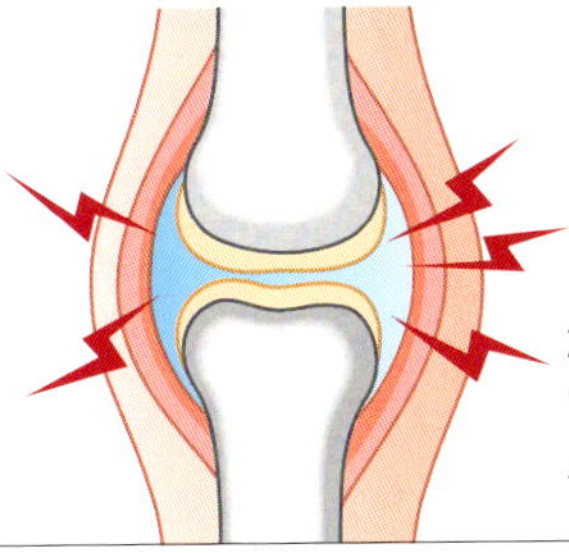

筋収縮を繰り返し過ぎて筋肉が硬くなると、骨と骨の距離が近づきゆがみを招く

で包まれ、中は水分で満たされています。そして関節包の上を靭帯《じんたい》が覆って関節を守っています。さらにその上には、筋肉を包んでいる筋膜《きんまく》が腱に移行し、靭帯に結合しています。

筋膜に包まれた筋肉が、筋収縮をくりかえしてカラダを動かしています。筋収縮とは、筋繊維がスライドすることをいいますが、筋収縮を繰り返し過ぎて疲労すると、そのスライドがうまくいかなくなります。すると、筋肉は筋膜の中で硬くなり、その硬さ（＝筋肉の過緊張）が関節まわりの関節包や靭帯の緊張を招き、骨と骨の距離を近づけます。

これが「骨格のゆがみ」です。このゆがみが高じると、骨同士がぶつかり、関節を変形させます。背骨の変形による滑り症、分離症、椎間板《ついかんばん》ヘルニアなどは、筋肉の緊張やアンバランスが原因で起きるのです。

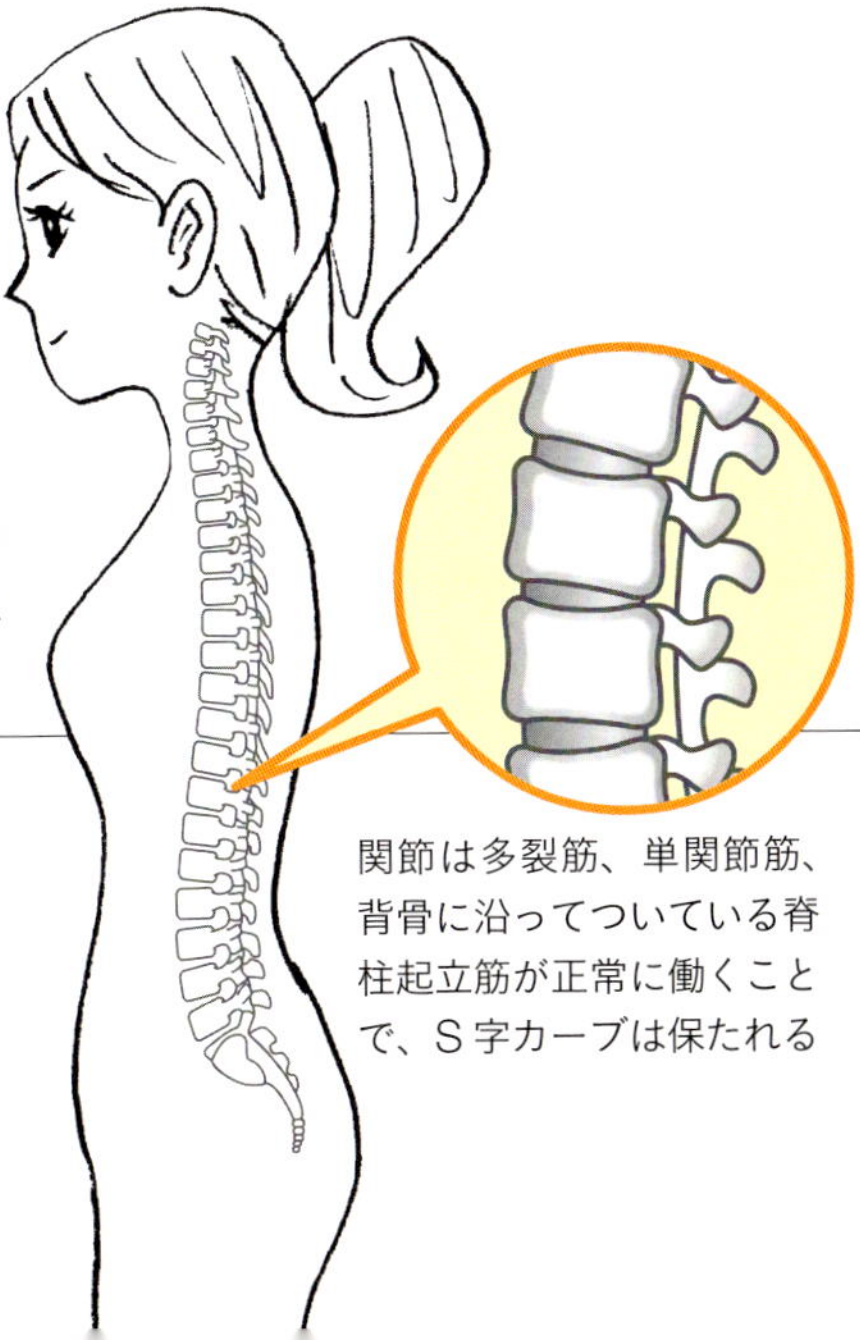

背骨は、Ｓ字にカーブしていることが本来の形。このＳ字が、動きがカラダに与えるショックを吸収している、と考えられている

関節は多裂筋、単関節筋、背骨に沿っていている脊柱起立筋が正常に働くことで、Ｓ字カーブは保たれる

体幹を整えると手に入るカラダ

その2

前述したように、関節は筋肉で動かされています。そして骨格のゆがみは、筋肉のアンバランスで生まれます。筋肉が関節を動かすとき、必ず表と裏のワンペアで動きます。関節を動かして筋力を発揮するのが主動筋。脳からの命令で筋力を発揮しながら関節を動かします。

そして裏の筋肉（拮抗筋《きっこうきん》）は、脳の命令ではなく反射で動きます。反射というのは、カラダの無意識の反応。この反射の反応が正しく起こることが、スムーズに動くことにつながるのです。

Check

筋肉の仕組みを知っておこう

しかし、主動筋が同じ動作を繰り返しすぎると、筋肉は過緊張して硬くなります。するとその裏側の筋肉は力を発揮することなく、衰えて硬くなっていくのです。

ゆがんでいる骨格の筋肉は、使い過ぎの筋肉と、使えていない筋肉とのアンバランスで、裏も表も硬くなります。その結果、関節はゆがみ、動きに制限が出る場合もあります。

また、硬くなった筋肉は、血行不良を起こしています。血行不良は体調を崩す原因。冷え性や肩コリ、腰痛、頭痛、生理痛などは血行不良の症状です。

質の良い筋肉は、つきたてのお餅のようにモチモチしているのをご存知ですか？　理想は、ハリやコリ、だるさなどがなく、動きに制限や動きづらさも感じない快適な状態。もちろん、体幹の筋肉も同様です。背骨まわりの筋肉、コルセットのような、胴体を包むように内臓を支える筋肉、骨盤を支える筋肉……。これら体幹の筋肉がきちんと働いてくれれば、どんなに手脚を動かしても幹＝軸はブレません。これが「体幹の筋バランス」です。

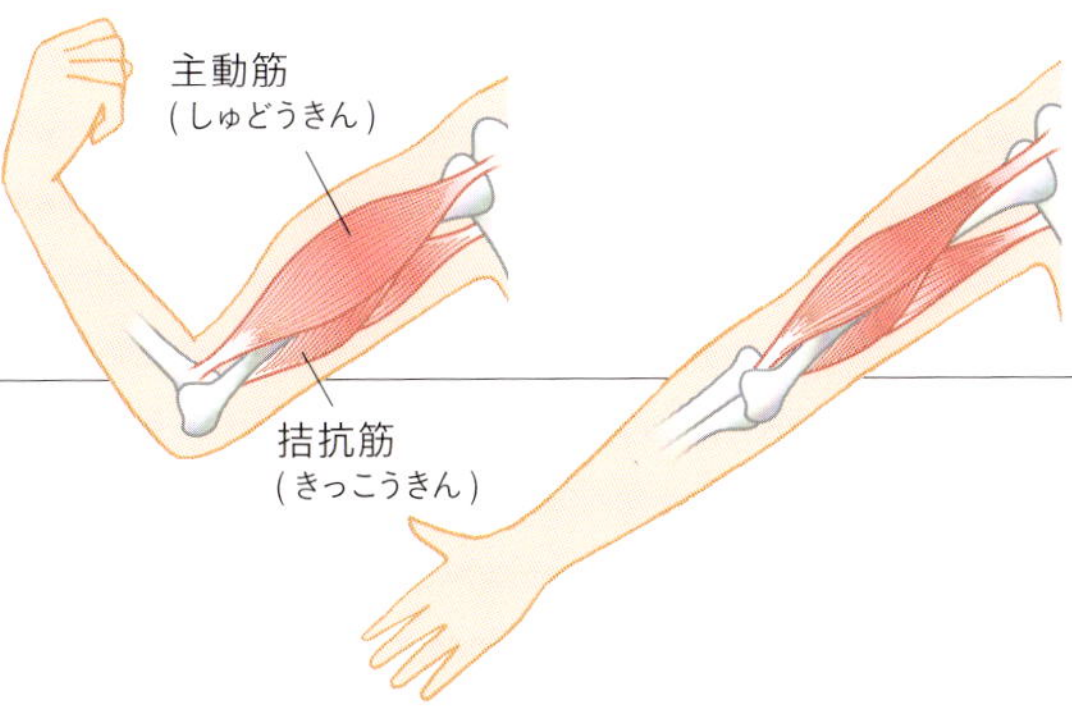

筋肉は、脳からの命令で動く主動筋と、その反射で動く裏の筋肉がペアになっている。主動筋が動き過ぎるとこのバランスが崩れ、筋肉は硬くなりカラダに不調が起こる

正しい体幹トレーニングと間違いトレーニングの違い

一般的に行われている体幹トレーニングを見ていると、「それ間違い！」といいたくなる動作を見かけます。先に説明したように、形をまねするだけの模倣型トレーニングが横行しているからです。

ところが、間違いトレーニングをされている方に「どこに効いていますか？」とたずねると「肩に効いています」「ももの前側に効きます」「全身に効く感じです」というお返事。つまり、体幹ではなく一部への負担、もしくはなんとなく……というイメージしかないということ。

体幹が使えないと、手脚がつらい、すぐ疲れる、どこか一カ所に負担がかかる、リキんだりカラダがブレたりして、動きがスムーズでない、などの現象が起きます。

体幹を使わずに違う筋肉を使い、結果、正しく動けな

Check

正しい
体幹トレーニングは
手脚ではなく
胴体に効く

い。そして最後は痛みが出るなどの弊害が出るのです。
体幹がきちんと使えている動きかどうかを見極めるには、３つのポイントがあります。

○中心軸がしっかりしているブレない動き
○手脚に負担がかからないリキみのない動き
○ムダのないスムーズな動き

効いているなぁ～と感じてほしい部位は、手脚ではなく胴体にあります。体幹の筋肉は、背骨の動きと手脚の動きを連動させます。カラダの中心に、太いコイルが入っているイメージです。この太いコイルは、手脚が動くと、軽くしなりながらも中心を支えているのです。

このように、しなやかでムダやリキみのない動きをつくり出すのが、胴体なのです。

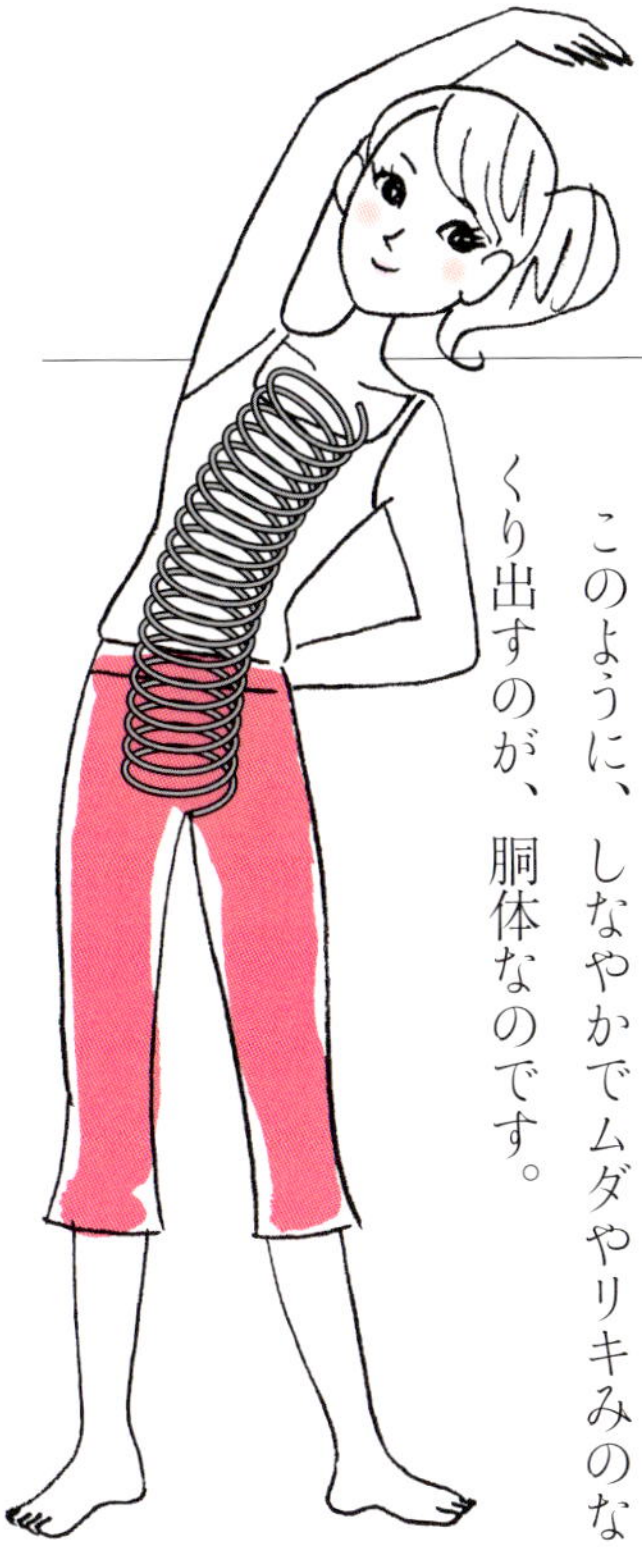

カラダの中心にあるコイルが、動くたびに軽くしなりながらカラダを支えている

よくある間違いその1

シットアップ（腹筋）

首を起こそうとしている

↓

首の後ろが痛くなる

胴体をお腹に近づけようとして大腰筋が働く

↓

腹直筋が使えていない。股関節、ももの前、腰、背中が痛くなる

足首を支え、力まかせに胴体を起こしています。これではせっかくのトレーニングが台なし。〝胴体をももに近づけることが腹筋運動〟はカン違い。正しい腹筋運動は、お腹がへこむような腹筋です。

正解は P98「シットアップ」

よくある間違いその2

プランク（フロントブリッジ）

ツマ先で支えている
↓
体幹トレーニングにならない

肩が入っている
↓
肩や腕で支え、体幹が使えていない。肩が痛くなる

頭が下がる
↓
体幹で支えるときに、頭の位置が下がると、体幹が働かなくなる

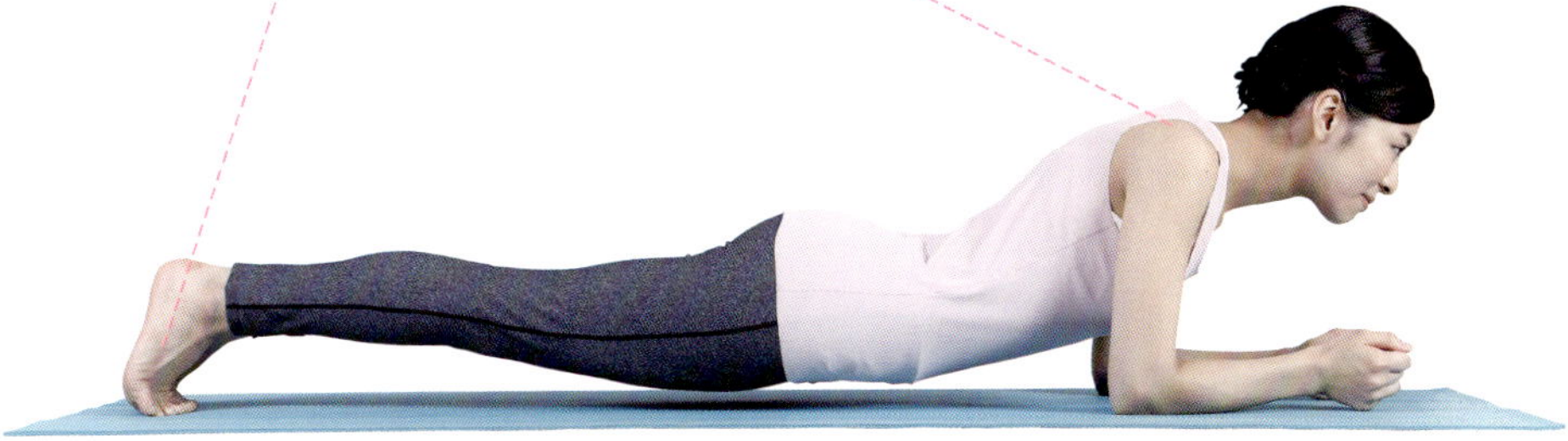

体幹トレーニングでよく見かけるメニューですが、これは「お腹で背中を支えるイメージ」が正解。姿勢を支えるときに手足に力が入る状態は、体幹トレーニングになっていないことを知ってください。

正解は P100「プランク」

よくある間違いその3

オンオールフォース(四つ這い)

背中が反っている → 体幹トレーニングにはならない。腰が痛くなるだけ

体重が片方に偏る → 体幹で支えているのではなく、表層の筋肉でねじれを起こしている

ツマ先で支えている → 体幹トレーニングにならない

四つ這いの形も、体幹トレーニングでよく見かけますが、手脚を大きく動かすのではなく、肩の高さ、骨盤の高さを保つことが大切。手首や肩、ツマ先などに負担がかかるのは体幹トレーニングではありません。

正解は P101「四つ這いシリーズ」

Chapter 2

コアトレと体幹トレーニング

体幹が確立される仕組み

コアと体幹の筋肉が混同されていることが多いことが、トレーニングが明確にならない要因だと思います。私たちの動きを安定させる仕組みは大きく分けて2つあります。

＊姿勢を安定させるのがコアの筋肉

＊手脚が動くとき、手脚が動きやすく動きを安定させるのが体幹の筋肉

　これは私たち人間が、二足歩行で歩けるようになるまでの、基本的な身体活動でできあがります。コア・体幹が確立される仕組みです。

　体幹の確立は、赤ちゃんが生まれてから、歩けるようになる

までの発育発達の過程にまでさかのぼります。発育発達の過程で動かす手順を踏むことで、コアと体幹がうまく使えるようになるはずなのです。

しかし、歳を重ねるにしたがい、どこかで筋肉の使い方を間違ってしまい、悪いクセがついてしまいます。どこで間違ったのか、どうすれば正しく使えるのか？

それを再教育することがコアと体幹トレーニングの最大の目的です。

そのためには、本来は無意識に使えるはずのコアと体幹を、改めて意識的に使うトレーニングをすることが重要なのです。

コアとは

～コアの筋肉の機能解剖～

体幹の筋肉の中でももっとも深層部にある筋肉をコアといい、体幹の筋肉と分けていいます。コアは体幹部分の一番奥に位置していて、内臓を保護し、軸を安定させています。

コアの筋肉は、横隔膜《おうかくまく》・腹横筋《ふくおうきん》・多裂筋《たれつきん》・骨盤底筋群《こつばんていきんぐん》の4つ。横隔膜は、呼吸筋で胸郭《きょうかく》の下をパラシュートのように覆い、胸郭を安定させています。腹横筋は、コルセットのようにお腹まわりを覆って、息を吐くと縮んで腹部を安定させます。腹横筋がきちんと働くと腹圧が上がり、内臓を保護します。腹横筋が収縮すると同時に、多裂筋は背骨の椎間《ついかん》の距離を保つように働きます。骨盤底筋群は、骨盤の底にハンモックのように位置して骨盤を安定させ、ぐらつかないようにさせています。

これら4つの筋肉が、体幹の一番奥を四方から包み込むようにあって、軸を安定さています。

コアの大切な役割は、息を吐くと自動的に働くこと。ですから、息を吐くことが、コアを働かせる最初のトレーニングです。次に、泣くことで体幹を使えるようになった赤ちゃんに〝真ん中感覚〟が芽生えると、寝がえりをうてるようになる。つまり、回旋運動ができるようになるのです。

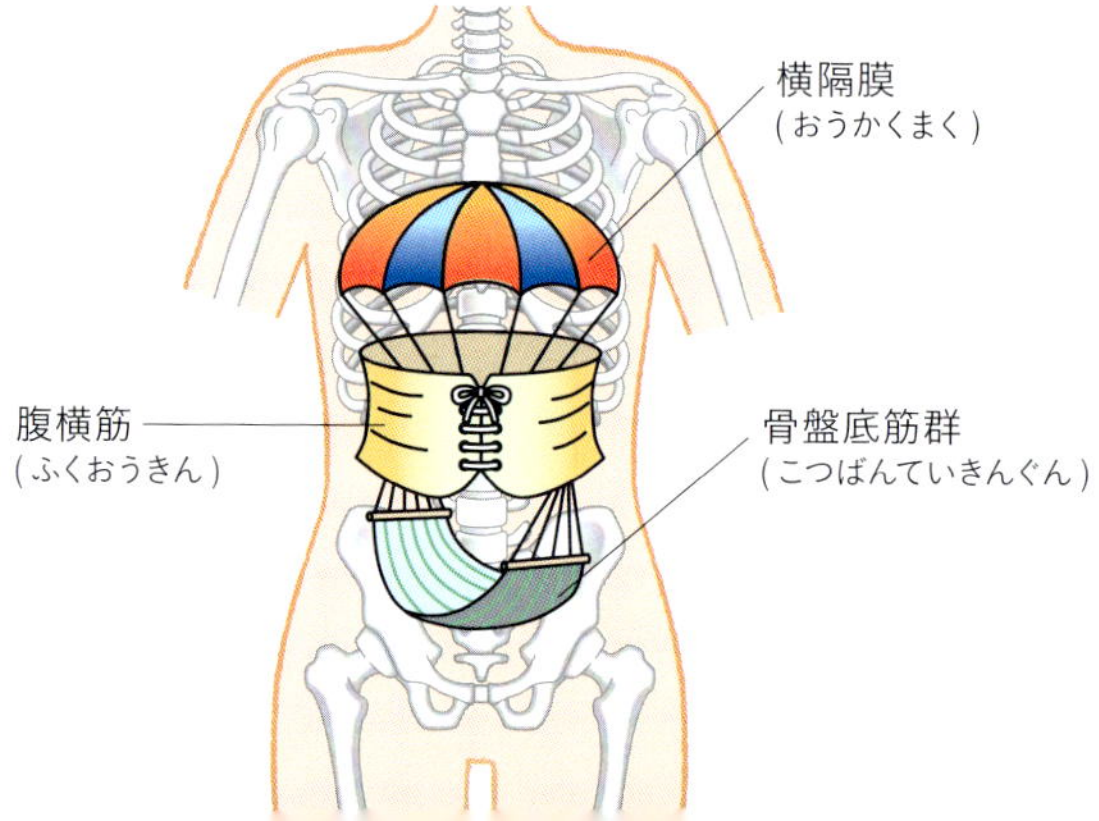

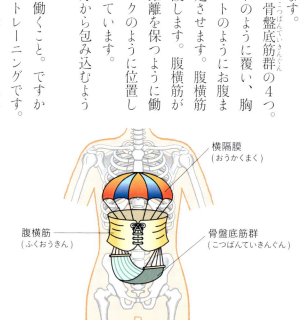

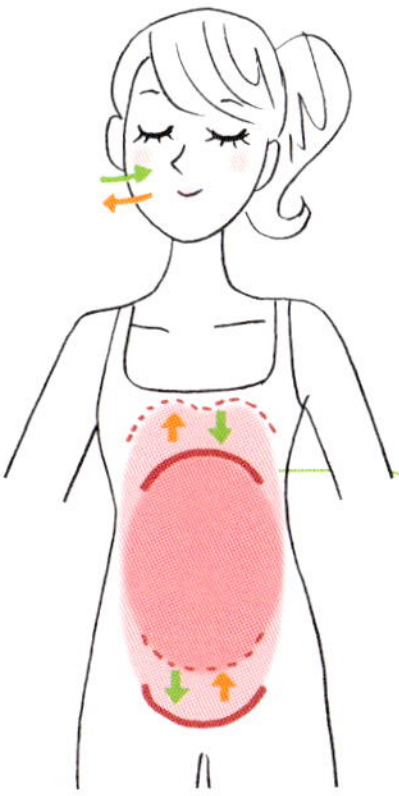

コアトレの流れ

コアトレは仰臥位での呼吸と
回旋トレーニング

1 仰臥位《ぎょうがい》呼吸

生まれてから３カ月くらいまでの赤ちゃんは、あお向けに寝た状態で大泣きをします。

これは、息を吐いて呼吸するという、立派なコアトレ。

息を吐くことで腹横筋《ふくおうきん》が反応して、背骨の椎間《ついかん》を支える多《た》裂筋《れつきん》、骨盤を支える骨盤底筋群《こつばんていきんぐん》が反応を始めます。コアトレの入り口は呼吸。呼吸のトレーニングがコアトレなのです。

P88

2 回旋

その後赤ちゃんは首がすわり、６カ月くらいで寝返りを打つようになります。これは回旋をつかさどる多裂筋が働き始めた証拠です。多裂筋は椎間の距離を保ち、回旋の動きに関わる深層筋《しんそうきん》です。この筋肉が反応をし始めると、真ん中感覚が芽生えたということ。

寝返りをうつことで、真ん中を感じながら動く感覚が、無意識に脳に刻まれます。

これはコアの基本的な動きのひとつ。回旋の動きがうまくできずにカラダが前後左右にブレるなら、まず回旋の改善を行うことがコアトレでは大切です。

P89

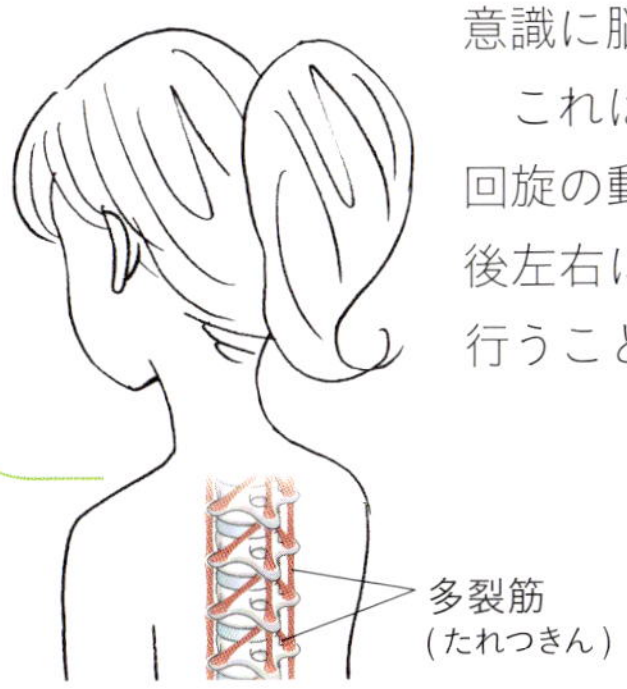

体幹の機能解剖

～軸が安定しないと体幹で代償が起きる～

体幹の筋肉はセンターマッスルともといわれ、体幹トレーニングはセンタートレーニングと表現されることもあります。

胴体には、おじぎをする筋肉（屈曲）、カラダを傾ける筋肉（側屈《そっくつ》）、振り返る筋肉（回旋）、そしてカラダを反らせる筋肉（伸展）があります。これら体幹の筋肉は、軸と連動して手脚を大きく、効率良く動かすときに働きます。反対に、軸が安定していないと手脚につられて大きくブレ、胴体を動かしてしまいます。そして、胴体が動こうとするとその動き

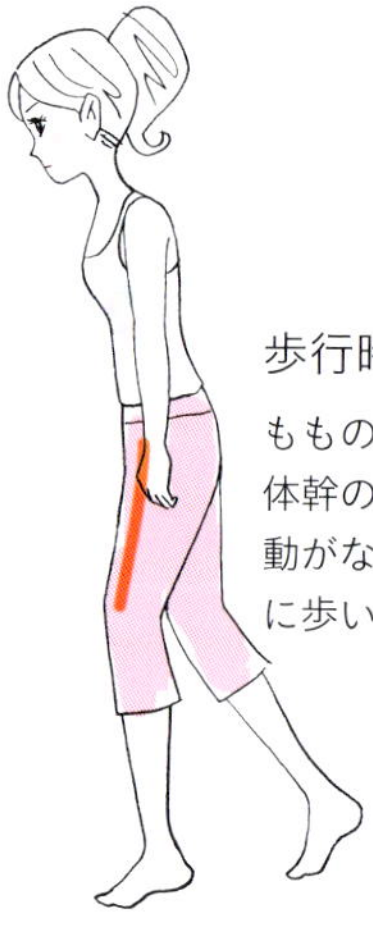

歩行時の代償例

もものの前ばかり使い、体幹の腹筋群との連動がなく、前のめりに歩いてしまう

を制御しようと、動かなくていい筋肉が動きます。このことを「代償動作」といいます。

　たとえば腕を上げるとき、コアが働かずに軸で支えることができないと、背中を反らせたり、肩が上がるなどの代償動作が起き、力のムダにつながります。

　歩くときは、股関節は屈曲・伸展・内転・外転・内旋・外旋と動くのですが、軸が安定していないと左右に揺れるように歩いたり、骨盤が安定していないと背骨のS字湾曲が乱れたり、歩幅が違うと回旋動作に左右差が出たりします。

　また、大きな動作をするときは、体幹の筋肉を使って軸を安定させながら動くことで、きれいでダイナミックなフォームになり、同時に効率よく動くことができるのです。

体幹の筋肉を使えて、軸の安定しているプロはダイナミックできれいな回旋フォーム(右)。体幹がうまく使えないアマチュアは回旋ではなく腕主体に振っている

体幹とは

～動きの種類とその筋肉～

脊柱起立筋《せきちゅうきりつきん》

腰方形筋《ようほうけいきん》

ここからは、コア以外の体幹の筋肉をのぞいてみましょう。

コア以外の筋肉で、背骨を支えている筋肉は背部にあります。脊柱起立筋といい、これは背中を反らすための筋肉群です。通常の姿勢で背すじを伸ばしているときに使われているので、立っていても座っていても使われています。

もう1つは、胸郭《きょうかく》と骨盤をつなぐ大きな筋肉の腰方形筋。これも脊柱起立筋と同じ働きをします。手や脚を動かすときに、コアで姿勢を支えられていないと、背骨まわりの筋肉に大きな負担がかかり、背骨の並びを崩してしまいます。

背部の筋肉の使い過ぎはS字湾曲をなくし、背骨が真っすぐになってしまうというゆがみが現れます。

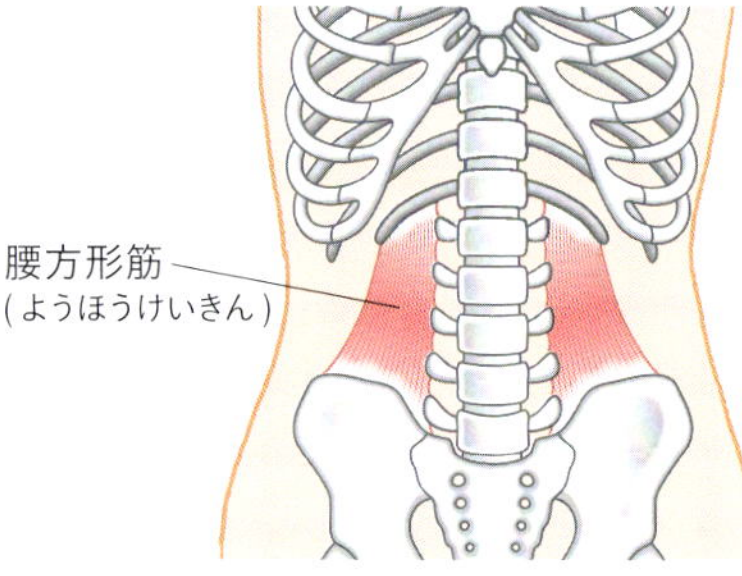

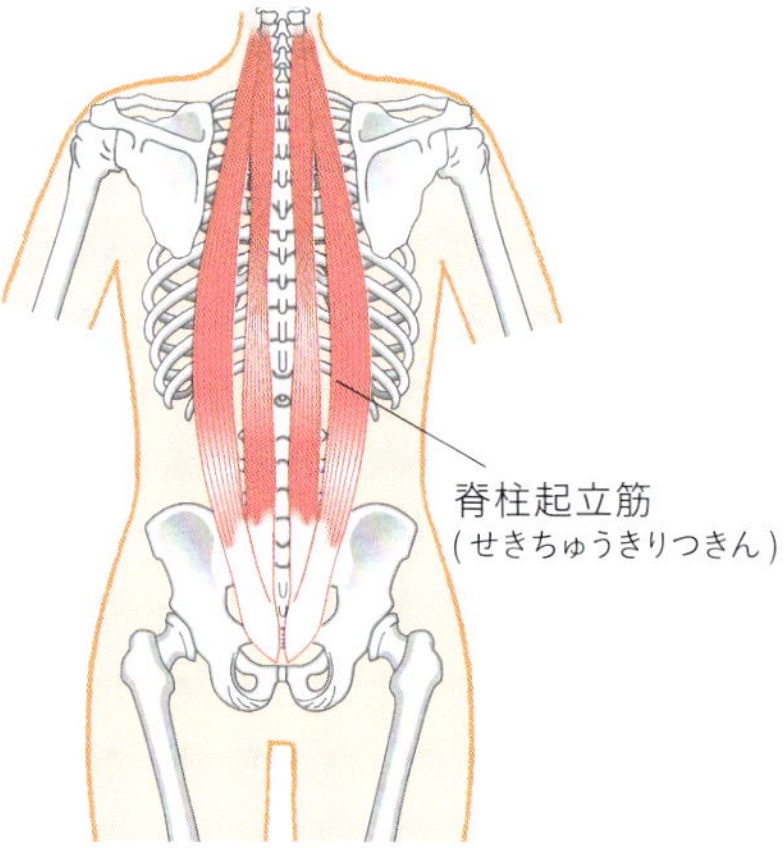

脊柱起立筋上部《せきちゅうきりつきんじょうぶ》

頭板状筋《とうばんじょうきん》

頸板状筋《けいばんじょうきん》

脊柱起立筋上部は、首と頭を支える筋肉です。また、脊柱起立筋上部のほかに、頭を支える頭板状筋、首を支える頸板状筋という筋肉もあります。

体幹トレーニングを行うときの頭、首の位置はとても重要です。これらの筋肉がきちんと働かないと、背骨全体の並びが狂い、正しい体幹トレーニングにはなりません。

頭の位置が目印になるのですが、うつむき加減だったり、アゴが少し上がっていると、首の筋肉の血流が悪くなり、肩や首のコリ、筋緊張性の頭痛が起きたりします。

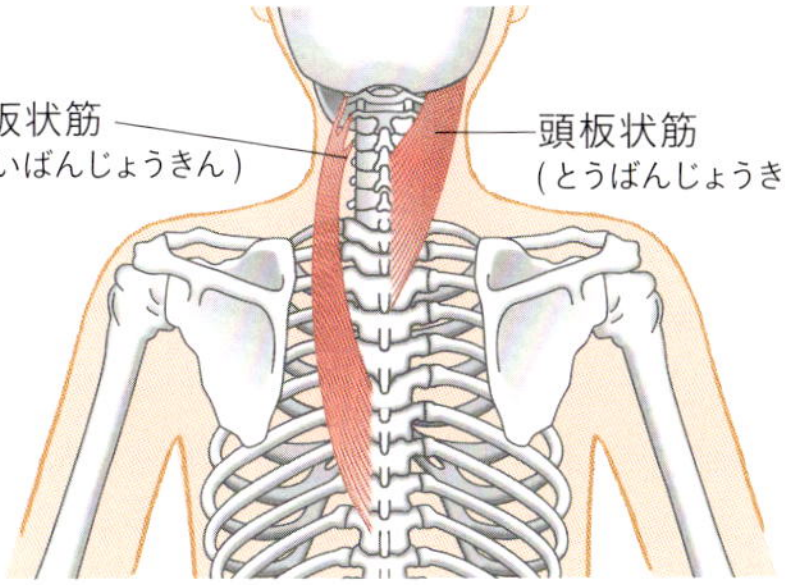

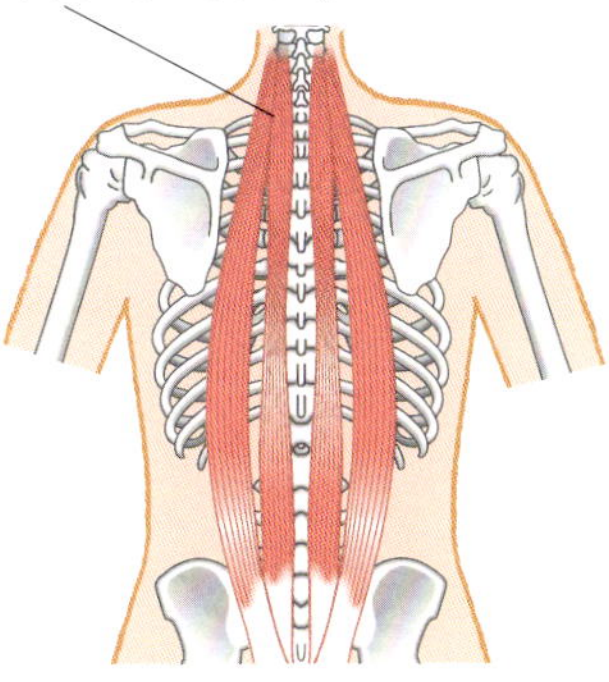

体幹とは

～動きの種類とその筋肉～

内外腹斜筋《ないがいふくしゃきん》

腹直筋《ふくちょくきん》

大腰筋《だいようきん》

腸骨筋《ちょうこつきん》

体幹の前側には腹筋群があります。深層にある腹横筋のほかに、内外腹斜筋、腹直筋があり、いずれもカラダをまるめる筋肉です。

　これは通常、背部の筋肉と協力し、背筋を伸ばしているときにカラダを支えるのですが、背部が使われ過ぎるとこれらの筋肉は使われない状態になってしまい、お腹がポッコリと出てしまいます。腹部の筋肉がきちんと使えることで、背部の筋肉の負担が減り、バランスが整います。体幹コンディショニングの要《かなめ》の筋肉です。

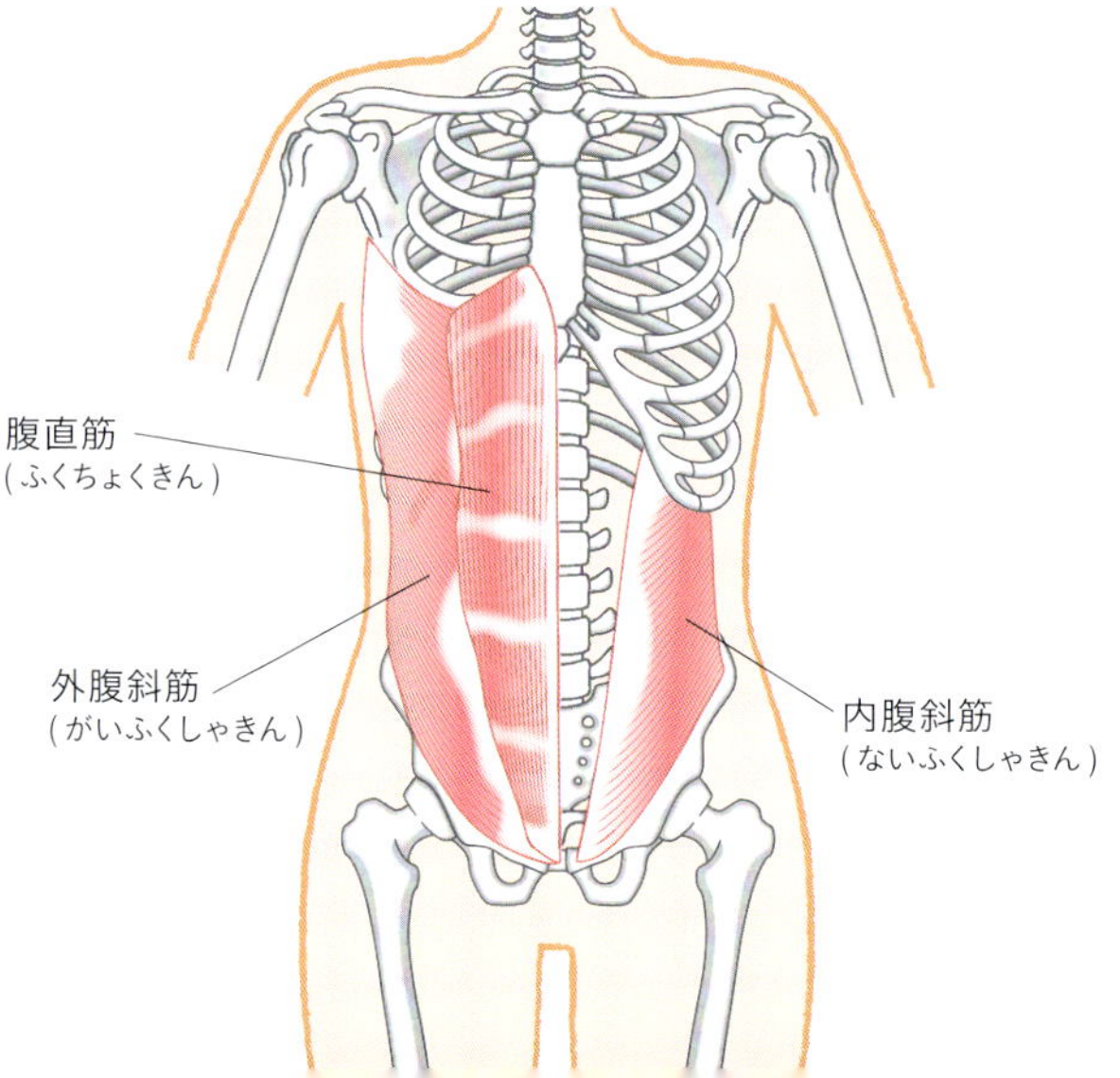

カラダをまるめる腹筋運動を行うときは腹直筋が働くのですが、背骨と脚をつなぐ大腰筋と骨盤と脚をつなぐ腸骨筋という、股関節屈曲筋《こうかんせつくっきょくきん》を使っている方が多くいます。コアが働いて軸が安定していないとこれらの筋肉が働き過ぎ、腰椎《ようつい》の前弯が減って骨盤を後傾させ、腰痛になります。

これらの筋肉は腹直筋と協力して使うといわれていますが、片側が優位になってしまっては、体幹が正しく使えません。骨盤と腰椎のゆがみは、腸腰筋の使い過ぎ、そして腹直筋が使われてないことが要因です。腹直筋のトレーニングは大切な体幹のトレーニングなのです。

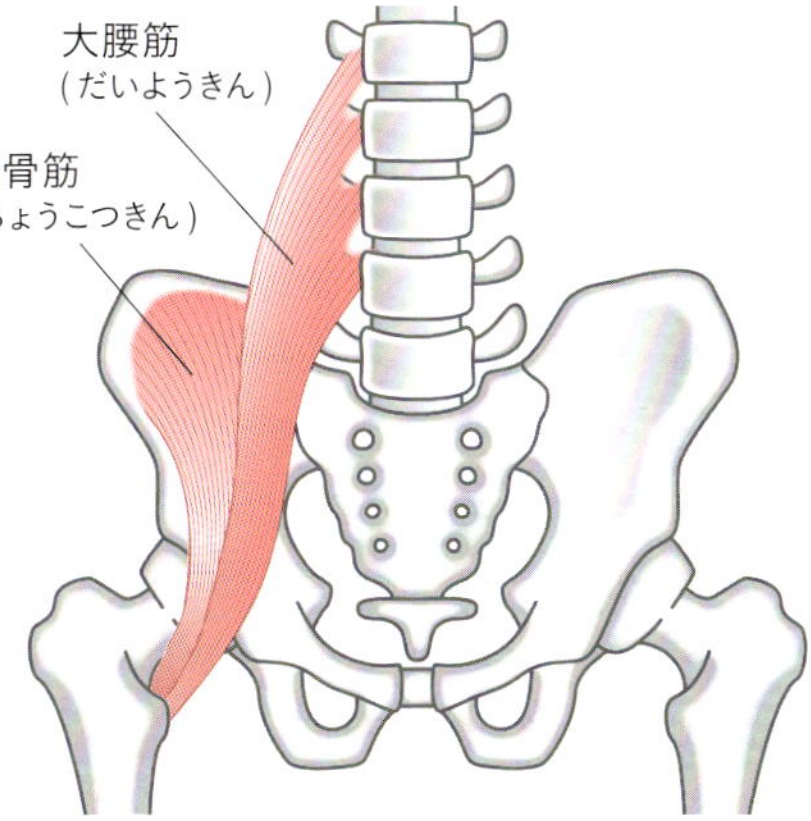

側屈と回旋

体幹の筋肉は、連動して動くことで、カラダを横に倒したり（側屈）、振り返る（回旋）動作をすることができます。

体幹の筋肉は、背部も前部も背骨を中心に左右対称についていて、筋肉の片側が働いたら側屈、左右対称に働いたら回旋の動作になります。

側屈

脊柱起立《せきちゅうきりつ》・腰方形筋《ようほうけいきん》の片側、そして同側の腹直筋《ふくちょくきん》、内外腹斜筋《ないがいふくしゃきん》が働いてカラダが横に倒れます。生活姿勢のなかで脚を組む、肩を下げるなどのクセが側屈のゆがみをつくります。

側屈のゆがみは動きの正確性を損失させます。狙った動きができない場合、力がうまく伝わらない場合は、側屈のゆがみが出ていることが多いようです。

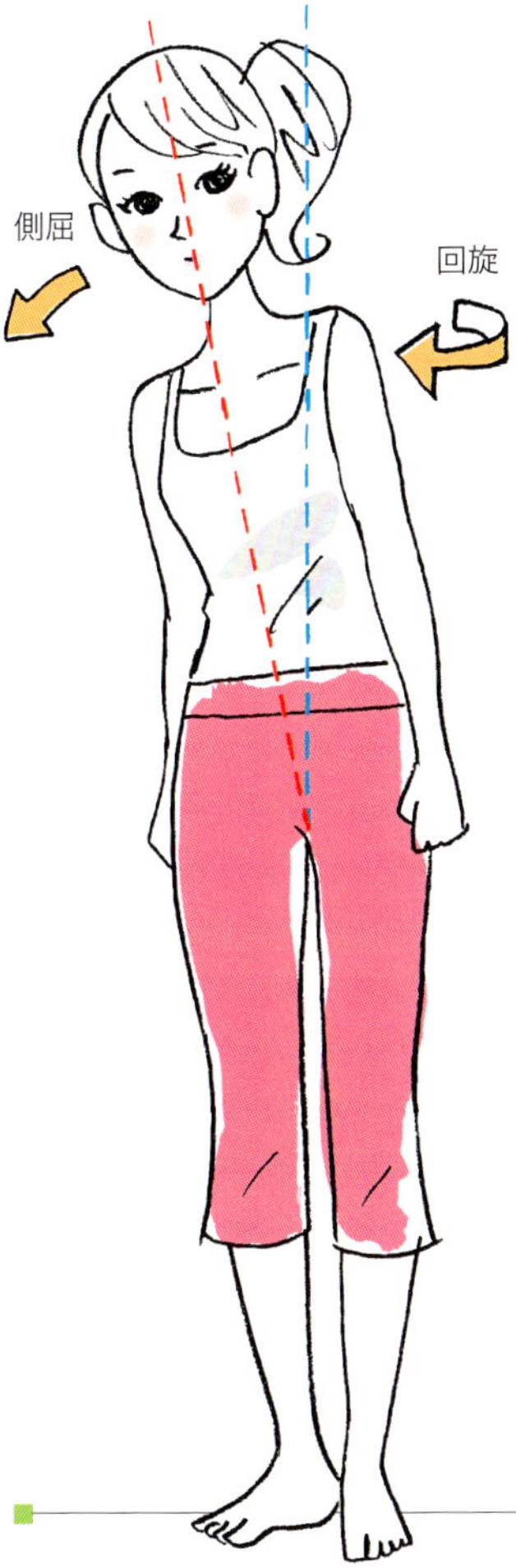

側屈や回旋動作のアンバランスは、動きの安定性を欠くため力を伝えづらく、リキみにつながる

回旋

脊柱起立筋・腰方形筋・内外腹斜筋の反対側が働くことで回旋動作になります。

この回旋動作は、姿勢を調整するコアの筋肉、体幹の回旋に働く筋肉（内外腹斜筋）と、側屈に働く筋肉の連動により、力を伝える原動力になります。

歩幅の左右差、腕振りの左右差、同じ姿勢を長時間保つなどの生活姿勢が回旋のゆがみをつくることが多いようです。

体幹トレーニングからトレーニングの流れ

体幹トレーニングは、腹臥位（ヒジつき）から座位まで。手脚を動かすとき、軸がブレないように安定させる。ヒザ立ち、立位はリンクトレーニング

1 腹臥位《ふくがい》（体幹トレーニング）

赤ちゃんはうつ伏せになると、手脚を動かしたり、頭を持ち上げたりします。これはコアの筋肉と背骨の伸筋《しんきん》群《ぐん》、体幹背部の筋肉と手脚の連動です。

最初に行う体幹トレーニングは、うつ伏せで手脚を動かします。このトレーニングを行うときには息を吐き、コアを働かせます。

ポイントはお腹で背中を支える意識をもつこと。こうすることで、多裂筋《たれつきん》の椎間《ついかん》を支える反応を引き出し手脚のリキみがなくなります。

P92

2 四つ這い（体幹トレーニング）

次に手脚に負担をかけずに胴体を支える四つ這い（オールオンフォース）の姿勢を覚えます。そして、赤ちゃんは手足を動かしハイハイをします。

最初は手と腕でカラダを支え、重力に逆らうことを覚えます。体幹を真っすぐに保ち、手脚を動かしハイハイすることで、背骨がもつ動きをすべて引き出す体幹トレーニングです。

P101~

3 座位（体幹トレーニング）

体幹を屈曲させる腹筋群が確立されると、赤ちゃんはちゃんと座れるようになります。

重力に逆らいながら背骨が立ち上がる過程の体幹トレーニングです。骨盤をきちんと立たせると、背骨が正しい並びになります。

腹横筋《ふくおうきん》が働き背骨の立ち上がりを支え、骨盤を保つことができるようになる、骨盤と腹筋群が体幹に加わったトレーニングです。

4 ヒザ立ち（リンクトレーニング）

赤ちゃんは、足裏で立つ前にヒザ立ちの時期がしばらくあります。

足の影響を取り除き、ヒザ・股関節・体幹の連動を狙う体幹トレーニングで、体幹と股関節をつなぐ筋肉の安定性を狙う目的で行います。

股関節を構成する大腿骨《だいたいこつ》と骨盤のまわりにある筋肉が、体幹と連動をしていることを意識させたい場合に行います。

P106~

5 立位《りつい》（リンクトレーニング）

ちゃんと足裏で立ち、カラダを支えられるようになる前、いわゆる「立っち」で、足裏と脚と体幹の連動をトレーニングします。

赤ちゃんはこのあと「あんよ」ができるようになりますが、歩くという移動動作時に体幹が連動をすることを覚えるのです。

P116~

科学はカラダをプラスにさせます

Chapter 3

コアトレと体幹トレーニングを始める前の準備

体幹が整うと姿勢が良くなる

ここでまず正しい姿勢を理解しましょう。

体幹は背骨が中心になっています。その並びは、横から見ると生理的なＳ字湾曲を描いていて、また正面から見ると、真っすぐに伸びています。しかし、骨の並びは自分で判断することがむずかしいので、ご自身で観察し、自分の姿勢を感じることができる方法をいくつかご紹介

骨の並びを意識することはむずかしいが、モニタリングすることでイメージできる

します。これを「モニタリング」とよんでいます。

また、体幹が使えているかどうかは、ご自身のスタイルが示していることもあります。

横から見て、頭が前に出ている、肩が前にまるまっている（猫背）、反り腰、ポッコリお腹。前から見て、肩の高さやウエストのくびれ方の左右差、腰の高さ、ヒザの高さの左右差など。ご自身のスタイルを観察しながら、体幹のバランスを感じましょう。

体幹の筋肉を使い過ぎていたり、使えていなかったりというアンバランスがあると、スタイルの崩れを招きます。

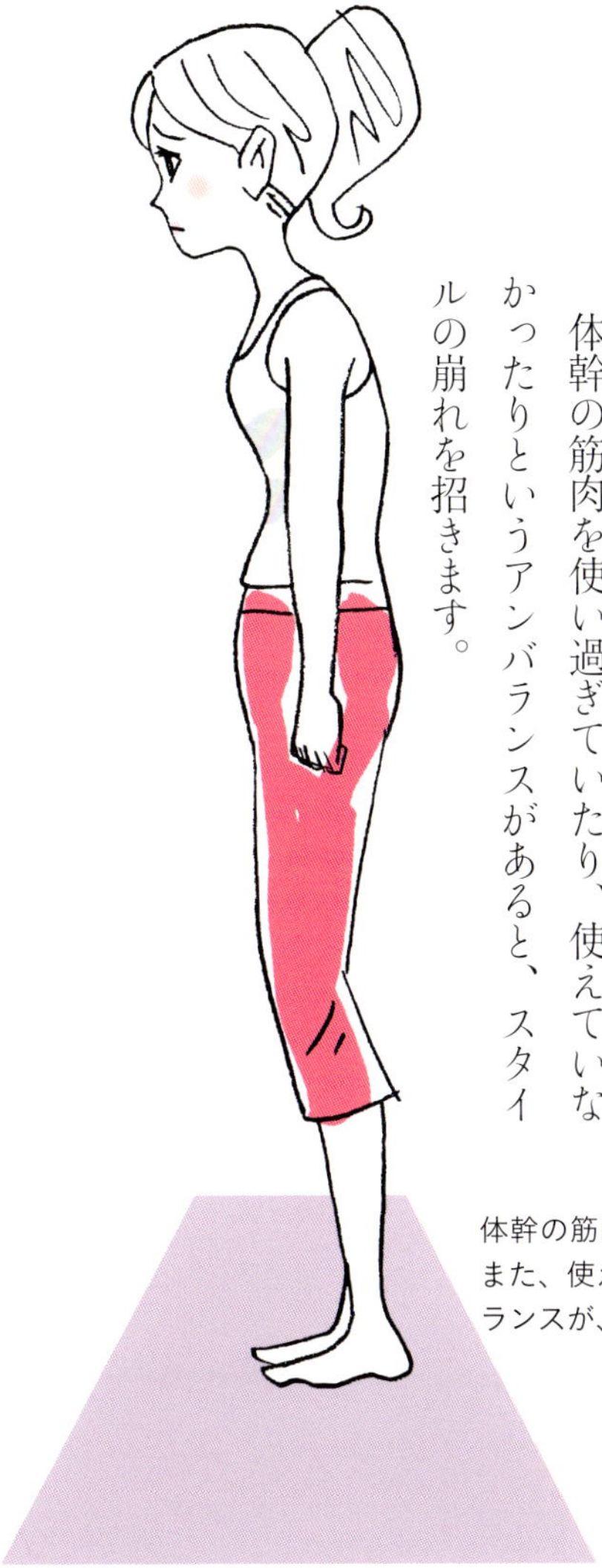

体幹の筋肉を使い過ぎていたり、
また、使えていないなどのアンバ
ランスが、スタイルの崩れを招く

自分で体幹を感じられる モニタリング

日常の生活姿勢で体幹が使えているかどうかを観察することができます。言い換えれば、日常生活での姿勢で体幹が使えるようにもなりますし、体幹を使えなくすることにもつながるのです。

私たちは無意識に、日常生活でさまざまな動きをしています。

オフィスワークのときの姿勢、電車に乗っているときの姿勢、階段の上り方、家でくつろいでいるとき、また、眠っているときの寝返りなども影響しています。

私たちは、小さな頃から自分のカラダを意識的に使っていることは少なく、また体育などの運動でも正しい動き方を教えてもらっていません。それが長年積

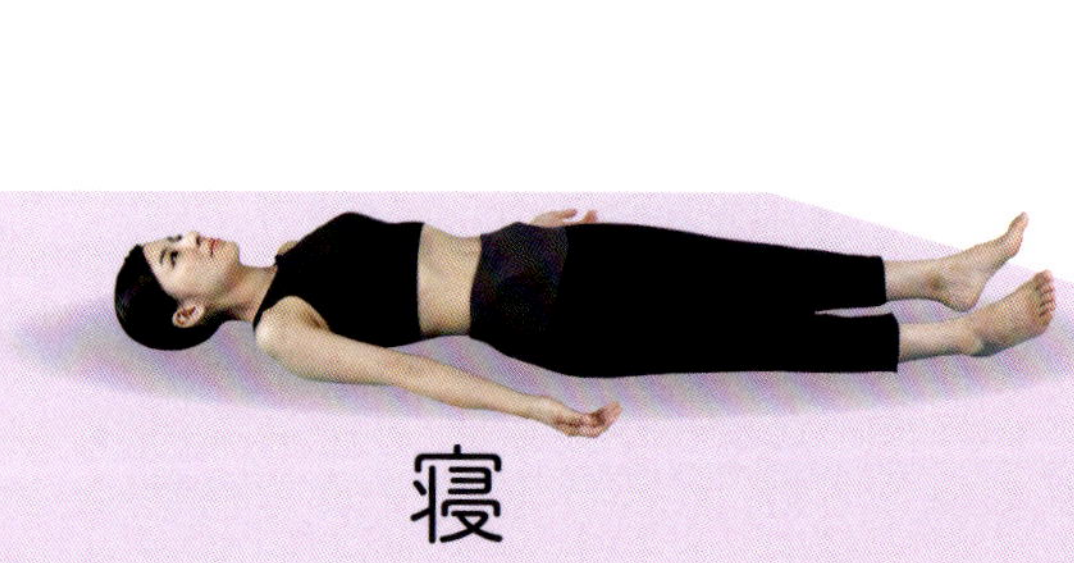

寝

み重なって、カラダにゆがみをつくり、コリやハリなどの不調や、スタイル崩れにつながります。

体幹コンディショニングでは、日常の姿勢を観察してその姿勢が変化していくことで、体幹が使えるようになったかどうかをご自身で判断していただきます。また、その姿勢のゆがみ方で、行うべき体幹コンディショニングを選ぶこともできますので、モニタリングは楽しんで行ってください。

ゆがみは生活のクセの現れです。ゆがみによって行うコンディショニングを選び、再び改善できたかを知る方法なのです。

きちんと寝られますか?

あお向けに寝て、力を抜きます。

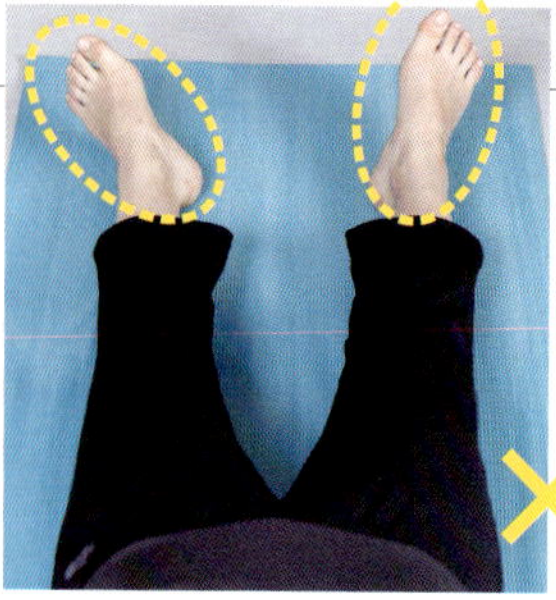

足の開きに左右差がありませんか?

×

骨盤の傾きに左右差があります

→P76、77 骨盤のリセット

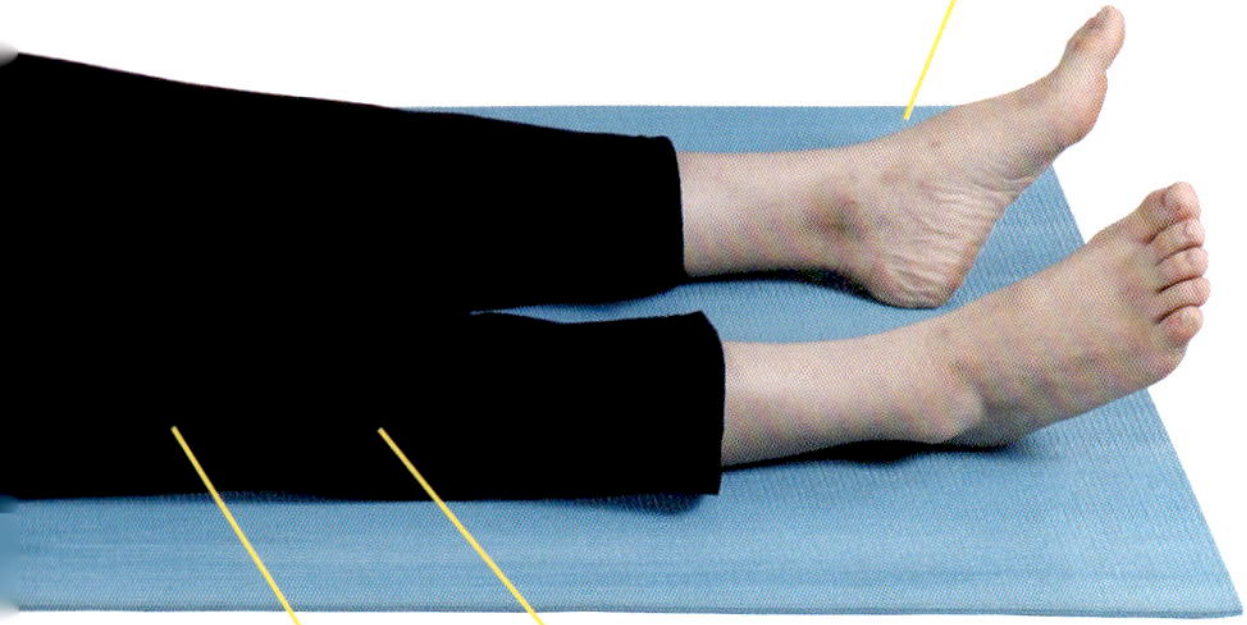

ももの裏・ヒザ裏が浮いていませんか?

×

骨盤が後傾しています

→P69 ヒザ・股関節のリセット

寝

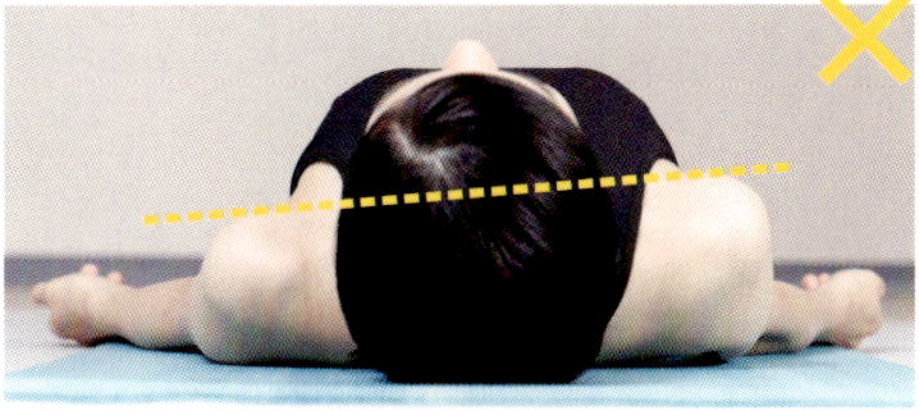

肩 甲骨やお尻のつき方に左右差がありませんか?

背骨にねじれがあります

→P70 胸椎のリセット
→P71 肩関節のリセット
→P72 腰椎のリセット

アゴ が上がっていませんか?

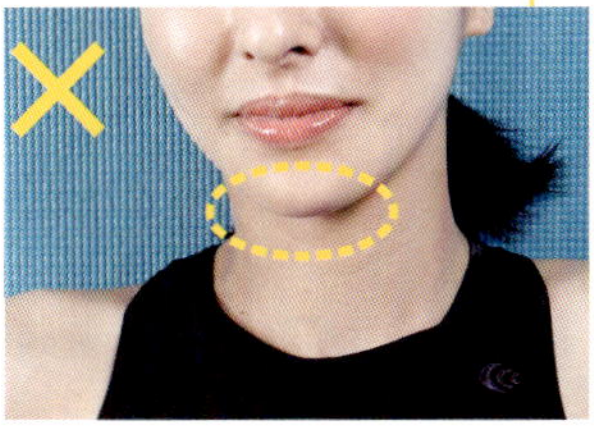

アゴが上がっている人は頭が前に出て、猫背になっています

→P74、75 頸椎のリセット

背中 は床につきますか?
腰の真ん中に指が1本入るか入らないかくらいはOKです

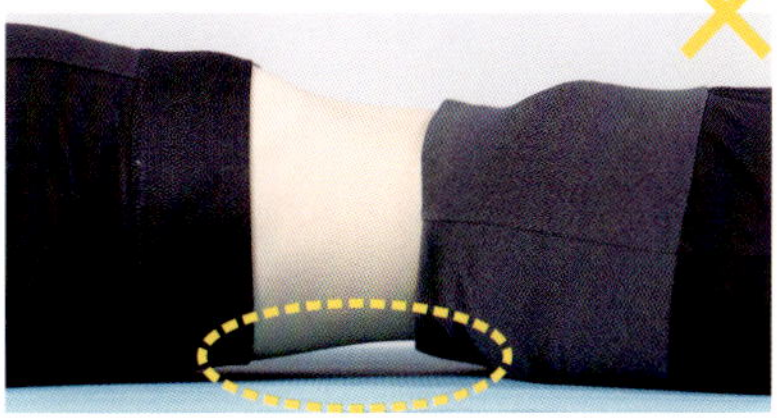

背中が浮いている人は、S字湾曲が崩れています

→P71 肩関節のリセット
→P72 腰椎のリセット

※→は、骨格を元ある状態に戻すコンディショニングのメニュー

きちんと座れますか？

床に脚を伸ばして座ります。

バンザイできますか？

肩がきつい人は、S字のくずれや、頭が前に出ている

→P74、75 頸椎のリセット

坐骨《ざこつ》で座り背中を伸ばせますか？

伸ばせない人は、S字湾曲が崩れています

→P70 胸椎のリセット
→P71 肩関節のリセット
→P72 腰椎のリセット

ももの裏・ヒザ裏が浮いていませんか？

浮く人は骨盤が後傾しています

→P69 ヒザ・股関節のリセット

座

立

きちんと立てますか？

脚をそろえて真っすぐ立ちます。

肩の高さや骨盤の高さに左右差がありませんか？

差のある人は、背骨が横に曲がっています（側屈）。カラダを横に倒す筋肉に左右差があります

→P79 肩関節のリセット
→P80 腰椎のリセット

頭が前に出ていたり、腕が前に出ていたり、手の甲が前に出ていませんか？

前に出ている人は、S字湾曲が崩れ猫背気味です。胸側の筋肉を使い過ぎ、背中上部が弱くなっています

→P74、75 頸椎のリセット

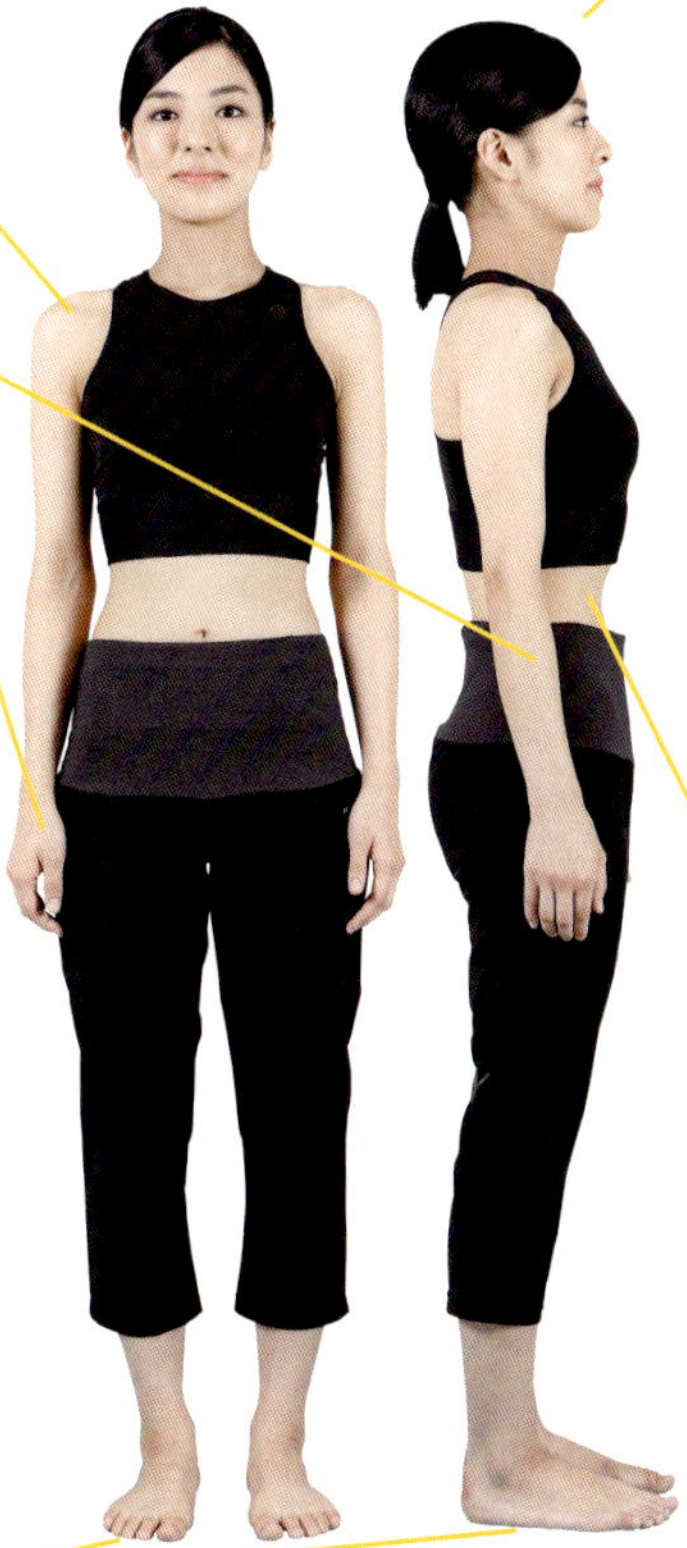

手の位置に前後差、左右差がありませんか？

背骨のねじれの左右差があります。回旋筋群に左右差があります

→P70 胸椎のリセット

みぞおちや下腹が突き出ていませんか？

S字湾曲が崩れ、背中側を使い過ぎ、体幹のコアや前方の筋肉が弱くなっています

→P88 呼吸のコアトレ

足裏のつき方、ツマ先の開きや位置に左右差がありませんか？

差のある人は、S字湾曲が崩れ、立ち方、重心のかかり方に左右差が出ています

→P68 下腿《かたい》のリセット

ツマ先側、カカト側、外側、内側……立ったとき、足裏のどこに体重がかかっているかを感じましょう。理想は親指の付け根と小指の付け根、カカトの真ん中の3点でカラダを支え、足裏の中心付近に重みを感じる立ち方です。

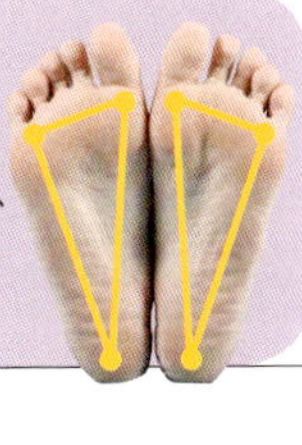

※→は、骨格を元ある状態に戻すコンディショニングのメニュー

コアと体幹のトレーニングの効果を上げるために

コアと体幹のトレーニングは、私の指導しているコンディショニングという「カラダを整えて、

「リセットコンディショニング」

コンディショニングとは

〜鍛えるのではない、「整える」という方法〜

筋肉の弾力を取り戻し骨格を元ある状態に戻す

コンディショニングという方法には、これまであるトレーニングと少し違うところがあります。それは、最初に筋肉に弾力を取り戻し、骨格を元ある状態に戻す「リセットコンディショニング」という方法を行うからです。筋肉がきちんと使えるようにする方法です。

リセットコンディショニングの原理

Reset
Conditioning

正しく使う」トレーニング方法の一部です。

　ここではトレーニングを効果的に行っていただくためのポイントを挙げます。

　カラダを動かすという行為は、科学的な法則があります。がむしゃらにがんばるだけでは効果は出ないということを知っておいていただきたいのです。

　コンディショニングは、コア・体幹のトレーニングを成功させるための基本のメソッドです。


は、寝返りです。私たち人間は眠っているときに寝返りをうちます。寝返りすることで、脳が休んでいる間に筋収縮することなく（＝力を発揮せずに）関節を動かしています。それが筋肉の疲労回復になるのです。

　私たちのカラダは、筋肉を使ったら、その疲労を回復するという仕組みをもっています。その仕組みが、現代の生活習慣やトレーニングのし過ぎ、間違った動き方などで、回復できにくくなっています。リセットコンディショニングは、寝返り、疲労回復の方法を、疑似的にカラダを脱力して動かすという方法で、再現しているのです。

筋肉を意図的に収縮させずに動かしてある状態に戻す「寝返り」。このカラダの機能を疑似的に行うのが「リセットコンディショニング」

筋肉を再教育し
姿勢の再現性を高めて
動作を改善する

「アクティブコンディショニング」

リセットコンディショニングのあとには、「アクティブコンディショニング」を行います。

　使えていない筋肉を使えるようにし、ゆがみのないカラダで動けるようにします。使えない筋肉は反応が悪く、再教育が必要なのです。

　きちんとあお向けになる・きちんと座れる・きちんと立って動けるように、筋肉を再教育するトレーニングです。

　コンディショニングは、リセットとアクティブを、必ずセットで行います。

Active Conditioning

リセットで取り戻した正しい骨格が元に戻らないようにするのが「アクティブコンディショニング」

体幹トレーニングのポイント

トレーニングを始める前に、そのポイントをお伝えします。ただ回数をこなしても効果は表れません。知識を理解して、意識して動いて、そして無意識化に落とし込むことを目指しましょう。

モニタリング→ 自分自身でカラダを観察する

◯コンディショニング前の自分の骨格を観察

これは良い悪いではありません。自分のカラダの特徴を知ることで、効果的なコンディショニングができるのです。

◯コンディショニング中の動きを観察

動いているときにはフォームや動きを観察します。正しくない繰り返しは、かえってカラダを痛めてしまいます。回数にとらわれず、フォームが崩れたら中止します。

◯コンディショニング後の変化を観察

終了後は骨格が変化します。それを確かめながら行うことで、ご自身の可能性を感じられ、「快」の感情がさらに効果を高めてくれます。

イメージング→ 理想的なカラダや動きを頭に思い描く、意識する

◯なりたいカラダをイメージ

大脳は筋肉に信号を送っています。良いイメージはカラダの変化に大切です。どんなカラダになりたいかをしっかりイメージしましょう。

◯動きをイメージ

指導者やスポーツ選手などの良い動き方を目でよく見てから行うと、良い動きをイメージでき、結果良い動き方ができるようになります。これはスポーツのパフォーマンスアップにも通じることです。

フィーリング → 動きの感覚や、筋肉を感じる

◯どこをどのように動かしているのかを意識

リセットコンディショニングは、脱力を感じます。

アクティブコンディショニングは、使っている筋肉を意識します。

◯呼吸を意識

呼吸は体幹コンディショニングの要です。

リセットコンディショニングでは、自然呼吸を意識します。

アクティブコンディショニングは、息を吐くことを意識しましょう。

リセットコンディショニングの原理

～脱力して動かす～

筋肉が働くときには、筋繊維がスライドして筋力を発揮します。うまくスライドするためには、筋繊維と筋繊維の間にすき間があることが大切です。そのすき間のある筋繊維は袋（筋膜）で包まれ、関節に付着して関節を動かします。筋肉を使い過ぎると、このすき間が狭くなります。ですから、疲労している筋肉は硬くなっているのです。

筋繊維のすき間には、血管や神経が張りめ

筋の構造

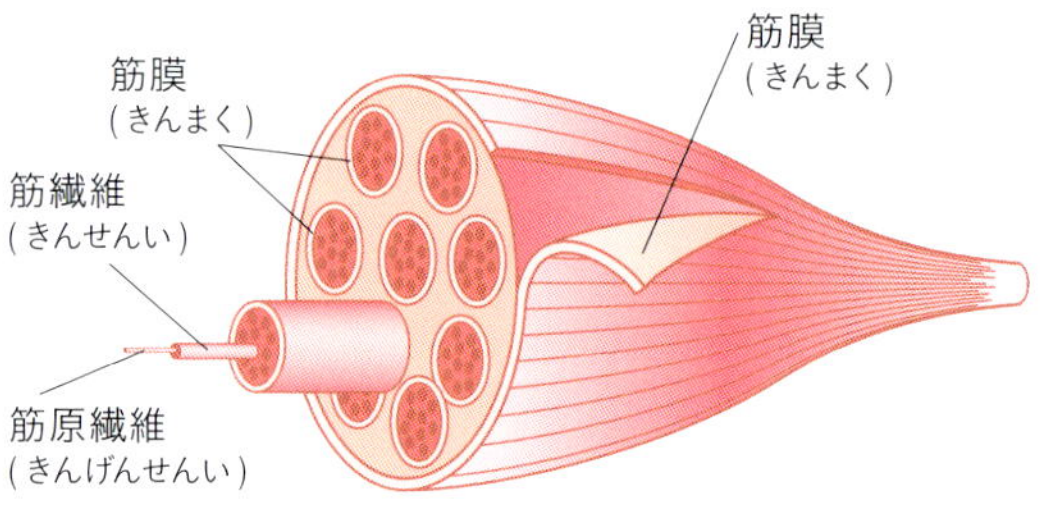

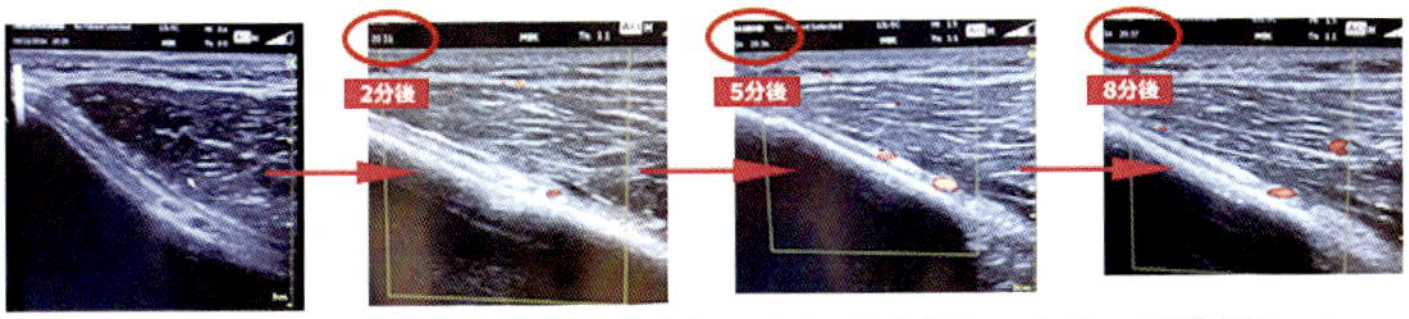

クルクルトントンを行った後の内側広筋（ないそくこうきん）の変化。時間がたつにつれ動脈枝に血流・還流範囲が増える（健常成人男性の例。結果には個人差があります）

ぐらされています。すき間が狭くなると血管を圧迫し、血行不良を起こします。そのため、コリやハリが起こるのです。

リセットコンディショニングは、筋肉を意識することなく（＝脳が休んでいる状態）関節を動かします。その方法は、脱力した状態で関節を手（＝他動的）で動かしたり、動かしたい場所以外の部位を動かすことで（受動的）、動かしたい場所を動かします。つまり筋力を発揮することなく、関節を動かすのです。その結果、筋繊維と筋繊維の間のすき間が回復し、血流もよくなります。

リセットコンディショニングは、その関節に関わるすべての筋肉、深層の筋肉までも回復できます。終了すると、動きがスムーズになり、可動が広がり、動かしやすくなり、ゆがみも改善するのです。

脱力し、股関節とヒザをリセットすることで動きやすい脚へと整える「クルクルトントン」(P69)

リセットコンディショニングで カラダのゆがみとS字湾曲を取り戻す

リセットコンディショニングのポイントは、まずは寝ている状態で、重力からカラダを解放し、コアの筋肉＝横隔膜《おうかくまく》・腹横筋《ふくおうきん》・多裂筋《たれつきん》・骨盤底筋群《こつばんていきんぐん》をリセットします。

大切なことは、あお向けに寝て背骨を重力から解放することで、深層部にあるこれら4つの筋肉の弾力を取り戻すことです。

寝たときに背骨が浮いている状態は、背骨まわりの筋肉のアンバランスと、コア機能の低下で、S字湾曲が崩れています。

また、接地面に左右差がある状態は、ねじれが生じています。背骨は重力から解放され

リセット コンディショニングのポイント

- 筋肉に意識を向けない
- 脱力して小さく関節を動かす
- 硬い筋肉は、さすり、筋肉を圧さえて動かす
- リセットされた感覚を確認する

※リセットは回数ではなく、感覚を確認するもの。1セット10～20回で、筋肉がやわらかくなりリセットされた感覚を実感できたら数セット繰り返そう

ると湾曲が減り、背中が床につく状態になるのが理想。眠りから覚め、朝起きたときにはこの状態になっていることが望ましいのです。

寝ている間に弾力が取り戻されず、背中が浮いていると、体幹を支えるために表層の筋肉まで出動することになり、疲れがとれないのです。

また、座っている状態で、背骨まわりが硬く背すじを伸ばすのがきついという場合は、コア機能の低下と、背すじを支える体幹の筋肉が硬くなっています。

これらを解消するには、背骨を重力から解放して動くことがポイントです。背骨のまわりの筋肉とコアのリセットは、腕や脚を動かすことで、背骨を動かす受動的なリセットを用います。これは必須のリセットコンディショニングです。

重力からカラダを解放し、コアの筋肉をリセットする。背骨が本来のS字湾曲を取り戻せば、背中がべったり床につく

(P70、71 胸椎のリセット)

足は姿勢の要、足首回しでヒザ下の筋肉を整える

足首回し

足・股関節のゆがみは骨盤→体幹のゆがみとなります。足首には、ふくらはぎ・すねの筋肉が腱になり、足の甲や足裏に貼りついています。足首を回すと下腿がリセットされます。

1 フォーム・脱力ポイント

●脚を投げ出して座り、片方のヒザの下にタオルを入れる
●タオルを入れた脚の上にもう片方の足を乗せる
※座り姿勢がきついときにはもたれてもＯＫ

2 エクササイズ

●足指と手を握手するように組み合わせる
●反対の手はくるぶしに添え、円を描くように足首を回す

ヒザ下にタオルを入れることで重力から解放される

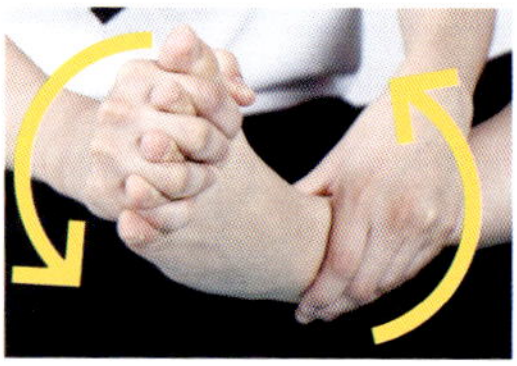

指先をすねに近づけるようにしっかり回す

3 コンディショニングポイント

手指を足指の根元までしっかり入れ、足指を開いた状態で、ていねいに回すことで効果的なリセットになる

リセット後の感覚

立ったときにしっかりと重心が乗る感覚になる

ヒザ・
股関節の
リセット

ヒザと股関節のリセットで動きやすい脚に整える

クルクルトントン

ヒザ・股関節のゆがみはカラダ全体のゆがみにつながります。大きな筋肉が多く、疲れの原因、故障の原因になる部位。しっかりリセットすることで動きやすいカラダになります。

1 フォーム・脱力ポイント

●脚を投げ出して座る
●片方のヒザの下にタオルを入れ重力から解放する
●片方の脚はリラックス
※座り姿勢がきついときにはもたれてもＯＫ

2 エクササイズ

●脚を股関節から引き抜くようなイメージで左右にクルクル回す
●手でももを持ち、タオルにヒザ裏を押し当てるようにトントンと打ちつける

カカトを支点にして
ヒザを左右に回す

3 コンディショニングポイント

自分でヒザを動かさないように、手でももをしっかり持つ

リセット後の感覚

片脚終了時に脚をそろえると、リセットした脚のヒザが沈んで、
脚が長くなるのがわかる

胸椎のリセット

腕を動かして胸椎をリセット 背中を整える

屈曲伸展・回旋

胸椎《きょうつい》は腕を動かすときに支える軸。良い姿勢を保つためには胸椎をリセットすることが必要です。意識を指先に向けて動かすことで効果的なリセットになります。

肩を持ち上げる。動きは小さく

1 フォーム・脱力ポイント

- ハーフポールに乗り、首下にタオルを入れ重力から解放する
- ヒザを立て、一番脱力できるポジションを探す

2 エクササイズ

- 両手、ヒジを伸ばしたまま両手を同時に天井方向に上下する
- 同様に、左右の手を交互に上下する

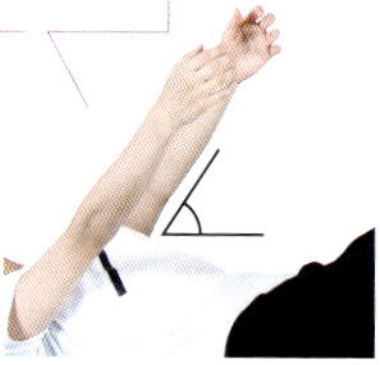
腕の角度をいろいろ変えると効果的

3 コンディショニングポイント

指先に意識を向け、リズミカルに動かす。腕の角度を変えて行う場合、12本ある胸椎を1本ずつ動かせると完ぺき

リセット後の感覚

肩甲骨が床にべったりつき、肩がラクになる

腕を動かして肩関節・肩甲骨・胸椎を整える

肩関節のリセット

肩内外転・内外旋

腕を床につけたまま動かすことで、肩関節と肩甲骨をつなぐ17枚の筋肉をリセット。さらに肩甲骨と胸椎をつなぐ筋肉もリセットします。

1 フォーム・脱力ポイント

- ハーフポールに乗り、首下にタオルを入れ重力から解放する
- ヒザを立て、一番脱力できるポジションを探す

両手は脱力する
ヒジは床につけたまま動かす

2 エクササイズ

- ヒジから下を床につけた状態で腕を上げ下げする
- 肩の動きが悪くなった位置で、肩から腕を同時にクルクル回す

肩の力を抜いて、ヒジから先を回す

3 コンディショニングポイント

ヒジから手元に力が入らない状態で動かす

リセット後の感覚

肩甲骨が床にべったりつき、肩がラクになる

ヒザを動かして
腰椎をリセット

腰椎《ようつい》回旋のリセット

腰椎は脚を動かすときに支える軸。脚の使い方の左右差や、骨盤の左右差を改善するために腰椎をリセットします。意識をヒザに向けて動かすことで効果的なリセットになります。

1 フォーム・脱力ポイント

●ハーフポールに乗り、首下にタオルを入れ重力から解放する
●ヒザを立ててそろえ、一番脱力できるポジションを探す

ヒザをそろえたまま動かす

2 エクササイズ

●ヒザをつけたまま腰幅より狭く左右に振る

腰幅を超えない範囲で小さく動かす

3 コンディショニングポイント

ヒザとおへその位置をつないだ軸がブレないように

リセット後の感覚

腰の浮き、お尻のつき方の左右差が減る

ヒザを動かして腰椎をリセット

腰椎のリセット

腰椎回旋のリセット

腰椎は脚を動かすときに支える軸。腰の反り、骨盤の後傾による、腰の負担を減らす腰椎リセットです。意識をヒザに向けて動かすことで効果的なリセットになります。

1 フォーム・脱力ポイント

●ハーフポールに乗り、首下にタオルを入れ重力から解放する

●ヒザを立ててそろえ、一番脱力できるポジションを探す

2 エクササイズ

●ヒザをつけたまま脚を持ち上げ、そのままヒザを前後に小さく揺らす

ヒザをそろえたまま動かす。脚の角度を変えると効果的

●次に、ヒザを交互に前後に小さく揺らす

ヒザを交互に前後に揺らす

3 コンディショニングポイント

脚の角度を変えて行う場合、５本ある胸椎を１本ずつ動かせると完ぺき

リセット後の感覚

腰の浮き、カラダの傾きが減る

頭を動かして
頸椎をリセット

頸椎《けいつい》屈曲伸展・回旋のリセット

首は頭を支える大切な軸です。頭の動かし方で全身のバランスが決まります。首の７本の頸椎を支える筋肉をリセットすることで頭が正しい位置になります。

1 フォーム・脱力ポイント

●首の下にタオルを入れ、重力から解放する

2 エクササイズ

●軸を保ったまま、YES、YES と小さくうなずいて頭を動かす
●そのままの姿勢で、NO、NO と左右に小さく頭を動かす

3 コンディショニングポイント

できるだけ小さく動かす

リセット後の感覚

首が動かしやすくなる

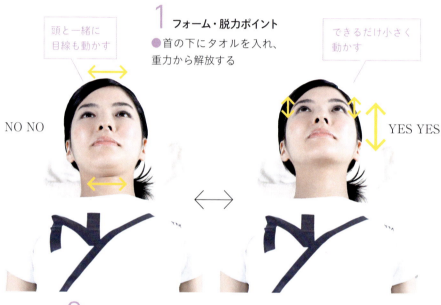

頭を動かして
頸椎をリセット

頸椎側屈のリセット

首は頭を支える大切な軸。首の横の筋肉、斜角筋《しゃかくきん》が動かないと、全身の緊張につながります。ていねいにリセットすると、おどろくほど呼吸や肩・首がラクになります。

1 フォーム・脱力ポイント

●首の下にタオルを入れ、重力から解放する

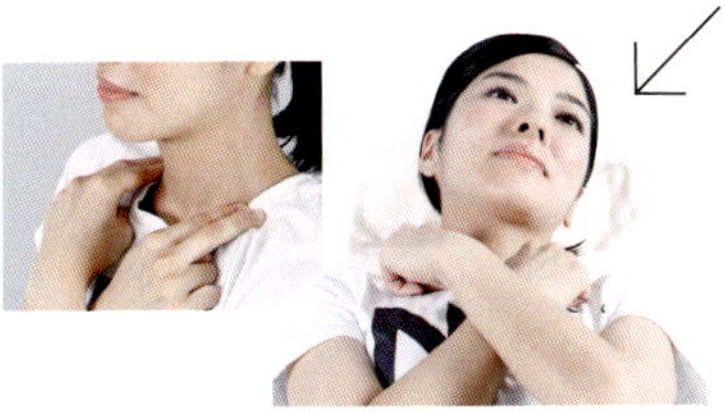

2 エクササイズ

●首を左右交互に繰り返し倒す
●最後に、鎖骨の奥のくぼみ（リンパと静脈の合流点）を圧さえ首を横に倒す

3 コンディショニングポイント

できるだけ頭を小さく倒す。指で圧さえるときは、しっかり筋肉をとらえる

リセット後の感覚

首が動かしやすくなる

股関節を動かして骨盤をリセット

ヒップボーンターン

脚を動かし、股関節の6種類の動きで骨盤まわりの筋肉をリセット。片方ずつ動かすことで骨盤の左右差を整えることができます。

1 フォーム・脱力ポイント

- ハーフポールに乗り、首下にタオルを入れ重力から解放する
- ヒザを立て、片方の脚を伸ばす

2 エクササイズ

- 伸ばした脚のツマ先を内側へパタンと倒す

- カカトを床に滑らせながら反対の脚のヒザ方向へ小さく引き寄せる

●ヒザが反対のヒザに当たったら、今度はヒザを少し外に倒す

●カカトを滑らせながら、再び脚を伸ばす

3 コンディショニングポイント

中心軸をきちんとそろえておき、脚を小さく動かす

リセット後の感覚

脚が動かしやすくなり、お尻が床につく面積が広がる

立ってもできる胸椎リセット

立位　胸椎《きょうつい》リセット

背骨を少しまるめた状態でカラダを前に倒し、力を抜いて腕を動かします。腕を動かすことで胸椎に動きが伝わり、効果的にリセットできます。

1 フォーム・脱力ポイント

- カラダをまるめて前に倒す
- 首と腕をだらりと下げる

倒す角度を変えながら行うと効果的

軸を中心に腕を動かす

2 エクササイズ

- 腕を左右交互に床のほうに下ろす

3 コンディショニングポイント

カラダを倒す角度を変え、12 本ある胸椎を 1 本ずつ動かせると完ぺき

リセット後の感覚

背が伸びたような感覚に

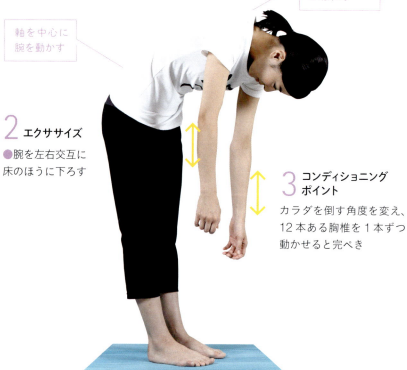

肩すっきり
胸もひらく肩改善

肩関節の
リセット

立位　肩関節リセット

腕を脱力してぶらぶら動かすことで、肩関節と肩甲骨をつなぐ17枚の筋肉をリセット。肩甲骨と胸郭《きょうかく》をつなぐ筋肉もリセットされ、呼吸もラクになります。

コっていたり、ハっていたりするところを圧さえて動かすと効果的

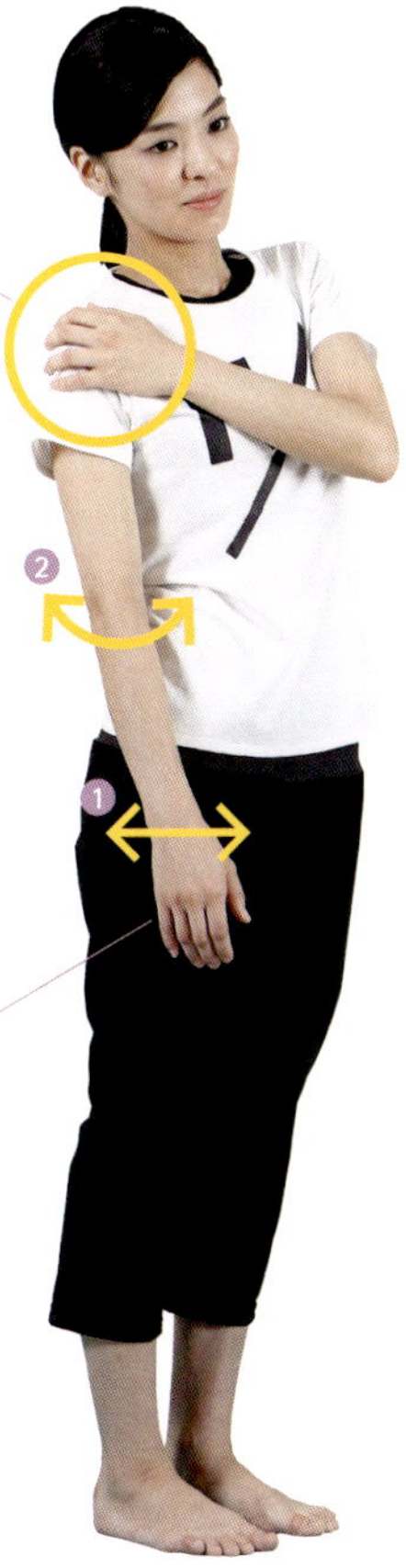

1 フォーム・脱力ポイント

- 立位で片方の肩を少し下げ、腕をぶら下げる
- もう片方の手で肩を圧さえる

動きはできるだけ小さく。大きく動かすと肩に力が入り、リセットされない

2 エクササイズ

❶腕の重さを感じながら、指先から腕を前後にぶらぶら振る
❷次にヒジをクルクル回すように腕を動かす

3 コンディショニングポイント

腕をできるだけ脱力し、指先でカラダを触るような意識で腕を振る

リセット後の感覚

肩がすとんと落ちて、腕が動かしやすくなる

腰椎のリセット

立ってもできる腰椎リセット

ヒップシェイク

立ってできる腰椎《ようつい》のリセットは、カカトを動かすことで腰椎に動きが伝わり、効果的にリセットできます。

1 フォーム・脱力ポイント

- 立位で腰の筋肉に手を当てる
- 手の形はＬの字に

トントンとリズミカルに！
↔
軸がブレないよう、カカトだけ動かす

2 エクササイズ

- ヒザを伸ばしたまま、カカトを片方ずつリズミカルに上げる

3 コンディショニングポイント

中心軸を意識して、肩の高さを保ったまま動かすことで、効果的にリセットできる

リセット後の感覚

腰がきちんと立ち上がる感覚になる

アクティブ
コンディショニング

Chapter 4

アクティブコンディショニングの
要《かなめ》は呼吸・息を吐く

いよいよ、アクティブコンディショニングの始まりですが、リセットコンディショニングを必ず行ってから進みましょう。

アクティブコンディショニングには、次のような順番があります。

●あお向け→回旋→うつ伏せ→四つ這い→座位→ヒザつき→片ヒザつき→立位

という具合です。

まず取り組みたいのは、赤ちゃんの大泣きの段階。強く息を吐くことです。コアトレと体幹トレーニングの要、コアを活性化させる「息を吐く」ことをトレーニングします。

初めは、あお向けに寝た状態でコアを活性化させます。世にあるさまざまなトレーニングで「息を吐きながら行いましょう」という注意ポイントをよく耳にすると思います。息を吐くことで腹横筋《ふくおうきん》・多裂筋《たれつきん》・骨盤底筋群《こつばんていきんぐん》でカラダを支える機能を活性化させ、軸を安定させることが目的です。ただし、長年の姿勢の悪さでコアが使えなくなっている方がほとんどです。

ですから、アクティブコンディショニングを行う前には、必ず息を吐き、腹横筋に刺激を与えること。これが本当のコアトレーニングです。次の段階の体幹トレーニングでも、呼吸が要となります。

アクティブコンディショニングでは必ず息を吐き、腹横筋に刺激を与える。これが本当のコアトレーニング

体幹トレーニングを成功させるには

正しいフォームが大切

手足を動かしても軸がブレないよう、恥骨からおへそ、胸骨、鼻筋を結んだ一直線の"真ん中"をイメージ

長年の動き方のクセでコアが働かなくなり、軸が不安定になるとカラダがゆがみます。トレーニング時に正しいフォームで行わないと、ゆがみはさらにひどくなり、不調や故障につながることもあります。

体幹トレーニングで重要なことは、「正しいフォーム」で行うこと。正しいフォームをつくるときは、カラダのラン

どんなトレーニングでも、意識は"真ん中"。さらに、動かしたい筋肉はどこかを考えながら行うことが大切

ドマーク＝目じるしを意識しながら行います。とくに「カラダの中心ライン」「肩の高さ」「骨盤の高さ」「ヒザの向き」「ツマ先」など、感じやすいところは常に意識しましょう。

これが意識できるようになると、自分のカラダがどんなふうに動いているかという感覚も、養うことができます。

コンディショニングのポイントのモニタリング（観察）、フィーリング（感じる）、そして、動き方をイメージすることは、カラダづくりにはとても大切なことなのです。

慣れるまでは、回数を繰り返すよりも、正しいフォームを習得するように、ていねいに行うほうが効果的です。そしてその動き方を感じられるように、カラダに意識を向けましょう。

皮膚をさすって

動かしたい筋肉を意識づける

体幹トレーニングで筋肉をきちんと働かせるには、働かせたい筋肉を意識することが大切です。働けなくなって動かしづらい筋肉は、脳からの命令も受け取りづらくなっています。

動かしている筋肉を意識することができないということは、筋肉がトレーニングされていないといえます。

筋肉は脳からの命令を感覚神経という感覚受容器で受け取り、運動神経で筋肉を動かし

アクティブコンディショニングのポイント

- 正しいフォームで動く
- 息を吐きながら、軸を意識する
- 使いたい筋肉を意識しながら動かす
- 意識が薄い筋肉は、
停止から起始の方向にさすする
- 筋肉が使えた感覚を確認する

※回数よりも正確な動作が大切。まずは少ない回数から。できるようになったら1セット20～30回を1セットとして、2～5セットを目指そう

ます。それらの神経の働きを促進するために、体幹コンディショニングでは「促通《そくつう》」という方法を行います。それは、皮膚をさすること。皮膚には感覚受容器が多数あり、筋肉へ信号を送ります。体内にある神経とやり取りをして筋肉を動かしているのです。

筋肉にはつき始め（起始）とつき終わり（停止）があり、停止から起始へとスライドして動きます。ですから、さするのは停止から起始の方向です。カラダの外から内へさするだけで、とても動きやすくなることを実感できると思います。

また、さするときはその筋肉をイメージし、動いていることを想像しましょう。イメージすることで、筋肉の動きはよくなります。

体幹コンディショニングは、がむしゃらには動かないことが大切なのです。

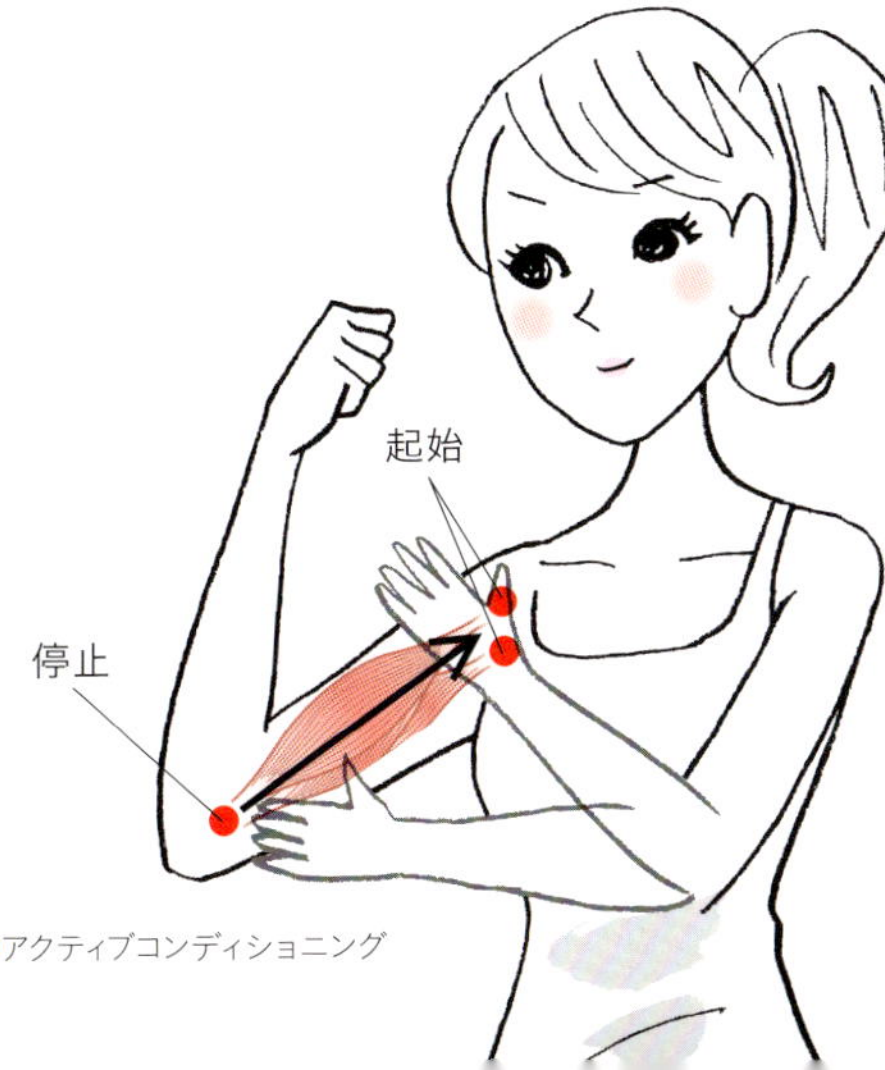

筋肉のつき始め（起始）とつき終わり（停止）を、停止から起始へさするだけでとても動きやすくなる

呼吸で腹横筋をしっかり刺激
コアトレの要

コアトレ

アブブレス・ストロングブレス

呼吸はコアトレの基本中の基本。70%程度息を吐き、腹横《ふくおう》筋《きん》を反応させるアブブレス。強く吐き切ると腹部の筋肉(内《ない》外腹斜筋《がいふくしゃきん》・腹直筋《ふくちょくきん》）が反応し、トレーニングになります。

●アブブレス

くるぶし、ヒザ、おへそ、胸骨、鼻筋を一直線（＝真ん中・軸）
スゥー
息を吸うときにはお腹を横に膨らませる

ハァー
ウエストを中心に集めるイメージをもつ

●ストロングブレス

ハッハッハッハッハッ
中心軸を意識する

1 フォーム・脱力ポイント

●ハーフポールに乗り、脚をそろえてヒザを立てる
●そろえた脚とカラダの真ん中を確認する
●両手でウエストを挟む

2 エクササイズ

●アブブレス
ハァーと息を70%程度吐く

●ストロングブレス
一息吸って「ハッハッ…」と3回から5回で息を吐ききる

3 コンディショニングポイント

息を吐くときに首や肩に力が入るときは少なめに吐く

コアトレ

コアトレは回旋のトレーニングをていねいに

仰臥位《ぎょうがい》　胸椎《きょうつい》回旋

あお向けの状態で回旋を誘導します。赤ちゃんが中心軸を感じ、寝返りをうつときのトレーニングです。胸椎７～８番目の動きを引き出し、背骨全体の回旋を強化します。

腕を胸の前で合わせて中心を確認する
ハアー
そろえた脚の真ん中を確認する

1 フォーム・脱力ポイント

- ハーフポールに乗り、脚をそろえてヒザを立てる
- そろえた脚の真ん中を確認する

2 エクササイズ

- 息を吐きながら、合わせた手を上下に動かす
- 同様に、合わせた手を肩幅内で左右に動かす

中心軸を意識する
ハアー
上半身がスムーズに回るのを意識する

3 コンディショニングポイント

合わせた手指の先をきちんとそろえたまま動かす。回旋に左右差がある場合は、視線のトレーニングを行う（→ P90）

視線で回旋筋をトレーニング

視線による姿勢反射

回旋は視線の使い方が回旋の左右差に直結します。回旋しづらいほうは視線が使えていないことが多いはず。視線をトレーニングすることは、じつはコアトレになるのです。

1 フォーム・脱力ポイント

●頭の中心（鼻筋）を中心にそろえて、真ん中を意識する

ハアー

合わせた手指の先をきちんとそろえたまま視線だけを動かす

2 エクササイズ

●息を吐きながら、動きづらいほうへ視線だけを送る

3 コンディショニングポイント

ゴルフ、ベースボール、テニスなど、スポーツのプレー中に立って行うこともできる

股関節・骨盤の動きで回旋を誘導する

コアトレ

腰椎《ようつい》回旋

腰椎は解剖学上、回旋しない関節です。脚を動かすことで股関節を動かし、その動きを骨盤が受けます。こうすることで腰椎が回旋しているように見えます。

1 フォーム・脱力ポイント

●ハーフポールに乗り、脚をそろえてヒザを立てる

2 エクササイズ

●息を吐きながら、ヒザを左右に動かす

中心軸を意識する
ハアー

↓

ハアー
腰幅にヒザを動かし、下肢が左右同じようにスムーズに動くことを意識する

3 コンディショニングポイント

ヒザの動きに左右差がある場合、動きづらい方をヒップボーンターン（P76-77）で整える

コアトレから
体幹
トレーニング

うつ伏せ呼吸で多裂筋をトレーニング

フェイスダウン(FD)ブレス

コアは腹横筋《ふくおうきん》が反応すると次に多裂筋《たれつきん》が反応します。その反応を確認できるのがこの呼吸です。息を吐いたときに背中がすっと伸びる感覚を感じるトレーニングです。

● FD ブレス
（多裂筋トレーニング）

カカトを合わせ、中心軸をそろえる

1 フォーム

●うつ伏せに寝て、タオルをまるめ、おへその下に置く

2 エクササイズ

●アブブレス、ストロングブレス（P88）と同じように、息を吐く

息を吐くときにおへそをタオルから離すように動かす

スゥー
ハアー

● FD ブレス ヒジつき
（ここから体幹トレーニング）

スゥー
ハアー

肩を下げ、胸を張るようにお腹で背中を支える感覚

1 フォーム

●ヒジを肩の真下につき、カラダを起こす
●頭は背骨の延長上におく

2 エクササイズ

●同じように呼吸を行う

● FD ブレス　片手

1 フォーム

●ヒジをつき、カラダを起こす

●頭は背骨の延長上におき、その延長上に片手を上げる

2 エクササイズ

●同じように呼吸を行う

左右の高さをそろえて肩を上げ、胸を張るように。肩の位置が変わらないようにする

片方の肩が下がると回旋が出てしまう

頭が下がると首に負担がかかる

3 コンディショニングポイント

「ヒジつき」と「片手」は、背骨１本１本が立ち上がるような感覚で

ポール上で手足を動かす
コアの確認トレーニング

コアトレ

ポールを使ったコアトレ

ポール上で手脚を動かすとき、棘突起《きょくとっき》をポールに当てることで真ん中感覚を感じられ、中心感覚を習得できます。手脚をリキまずに動かすことがコアトレになります。

1 フォーム

●ハーフポールに乗り、脚をそろえてヒザを立てる

2 エクササイズ

●息を吐きながら手足を動かす

ハアー
そろえた脚、おへそ、胸骨、鼻筋、とカラダの真ん中を確認する
両手を前にならえ、交互に動かす

ハアー
●その場で足踏みをする
地面についている足（足指）の力を抜く

●両手を前にならえ、片脚を伸ばしたまま、
もう片脚で足踏みする
●次に両脚を曲げ伸ばしする

↓

●両手、両脚を上げた
ままキープ

↓

3 コンディショニングポイント

中心軸を意識する。手脚の力を抜きラクに動く感覚のトレーニングなので、動かすことが目的ではない

寝返りをトレーニング
回旋の筋肉を刺激する

体幹
トレーニング
［回旋］

スパイナルローテーション

側臥位《そくがい》の回旋トレーニングで、胸椎《きょうつい》の7～8番目の筋肉を刺激します。背骨の中心あたりから回す、回旋の再教育です。回旋を感じることがポイントです。

1 フォーム

●背骨のアライメントを整えるように頭・首・ウエストにタオルを入れる

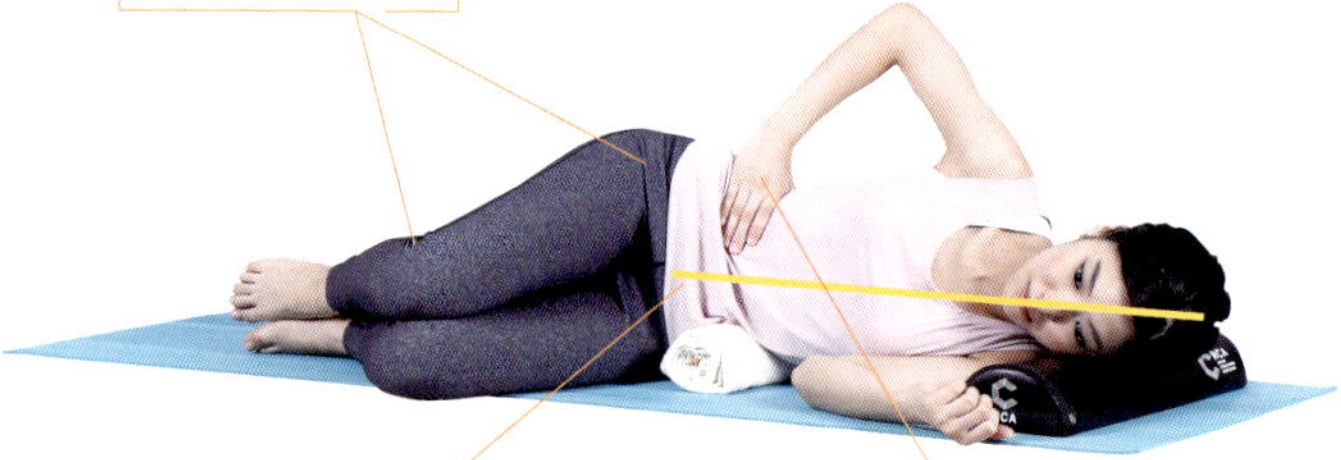
股関節、ヒザを
90度に曲げる
おへそ、胸骨、鼻筋、とカ
ラダの真ん中を確認する
手をウエストに添える
（腹横筋を促通する）

↓

2 エクササイズ

●息を吐きながら、背骨の真ん中からひねるように動かす

中心からカラダを
ひねるイメージ
肩や腕、頭から動かさない
ハアー

3 コンディショニングポイント

骨盤から下は動かさない

体幹を支える脊柱起立筋

体幹トレーニング
［ブリッジ］

サイドブリッジ

背骨まわりには、背中を反らす筋肉があります。これにはカラダを横に倒す役割もあります。これらの筋肉を、サイドブリッジを保つことでトレーニングします。

1 フォーム

●カラダを真横にする
●肩の真下にヒジをつきカラダを一直線に保つ

2 エクササイズ

●息を吐きながらウエストあたりの筋肉に集中してカラダを持ち上げる

頭も一直線上に置く
ハアー
ウエストあたりを意識

3 コンディショニングポイント

コアとウエストあたりの筋肉でカラダを保つ

きつい人は小さいバランスボールを使うのもいい

NG

肩や脚にリキみがある。肩や脚で支えると、体幹のトレーニングにならない

体幹トレーニング
［腹筋］

体幹を支える腹直筋

シットアップ

腹直筋《ふくちょくきん》は背骨のＳ字湾曲の腰椎《ようつい》部分を支える筋肉。背骨をお腹側から支える役目があり、股関節を屈曲する腸腰筋《ちょうようきん》の働きを抑え、腰椎、骨盤の正しい姿勢を保ちます。

1 フォーム

●あお向けになり、ヒザを立て、肩甲骨を浮かすようにポジションをとる

お腹がポコッと膨らむ場合は、下肢を手で抑え込むようにサポートする

2 エクササイズ

●息を吐きながら、お腹をへこめるようにして、みぞおちを恥骨に近づける

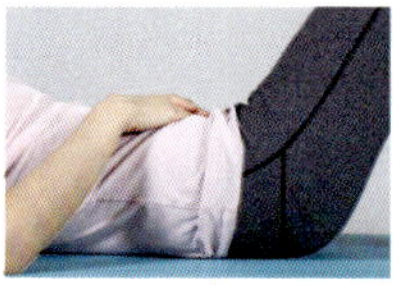

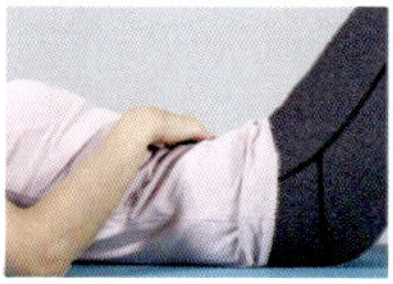

頭から起こさない。肩を持ち上げるようなイメージで

3 コンディショニングポイント

腹筋運動は胴体を脚に近づける運動でないことを理解する。脚上げやＶ字も腹筋運動にはなりづらく、股関節屈曲運動でしかない

体幹トレーニング［ブリッジ］

カラダを真っすぐに保つトレーニング

ヒップブリッジ

軸を保ちながらカラダを一直線に保つことで、体幹のトレーニングになります。背中とお腹で胴体を支えるイメージ。大《だい》殿筋《でんきん》・ハムストリングにも効きます。

1 フォーム

●あお向けになり、ヒザをそろえて立てる

そろえた脚、おへそ、胸骨、鼻筋、とカラダの真ん中を確認する

↓

2 エクササイズ

●息を吐きながら、お尻を持ち上げ、カラダを一直線にする

姿勢を保ちながら片脚を上げる。ヒザの高さをそろえ、骨盤の高さも変わらないように

ハアー

肋骨下部をきちんとしまい込み、股関節をしっかりと伸ばす

3 コンディショニングポイント

腰を反らす意識（お腹を持ち上げる意識）はもたず、コアを意識

これが正しいプランクだ！

体幹トレーニング［プランク］

プランク

体幹トレーニングとして一番ポピュラーなトレーニング。手脚で支えるのではなく、お腹でカラダを支えることが大切。手脚がきついときは、呼吸でおへそを奥に押し込みます 。

1 フォーム

- うつ伏せになり、カカトをそろえ、ポールの上で肩の真下にヒジをつく
- ツマ先立ちではなく、足の甲を床につける

おへそ、胸骨、鼻筋と、カラダの真ん中を確認する

2 エクササイズ

- 息を吐き、ヒザ・お腹を浮かせる

3 コンディショニングポイント

短い時間でいいので正確な動き、感覚を身につける。肩や足の甲に負担がある場合は、コアで支えられていないので注意

真ん中感覚を意識しながら、おへそを奥に押し込むように呼吸する

ハイハイを再現する
体幹トレーニング

体幹
トレーニング
［四つ這い］

四つ這い（オンオールフォース）シリーズ

四つ這いのトレーニングはハイハイの再現。人間が最初に習得する、背骨の動きと手脚の連動の取り組みです。手脚を動かすときに真ん中感覚を保つトレーニングです。

exercise 1 キャット＆ドッグ

1 フォーム

●肩の真下に手をつき、股関節の真下にヒザをつく

おへそ、胸骨、鼻筋と、カラダの真ん中を確認する

2 エクササイズ

●息を吐きながら、背中をまるめたり、反らしたりする

背骨１本１本を動かす意識をもつ

3 コンディショニングポイント

腕や肩に力が入らないように動かす

頭の位置も背骨と連動させる

体幹トレーニング［四つ這い］

exercise 2 アームモーション

1 フォーム

●肩の真下に手をつき、股関節の真下にヒザをつく

手やヒザでカラダを支えないよう、コア（呼吸）の意識をもつ

2 エクササイズ

●息を吐きながら、片手を上げ、前後に動かす

↓

背中は一直線。反らないように注意

3 コンディショニングポイント

片手を上げても片側に重心が寄らないように、真ん中を保つ

体幹トレーニング［四つ這い］

exercise 3 キックバック

1 フォーム

●肩の真下に手をつき、股関節の真下にヒザをつく

手やヒザでカラダを支えないよう、コア（呼吸）の意識をもつ

2 エクササイズ

●息を吐きながら、片脚を伸ばす

引きつけたり伸ばしたりする

3 コンディショニングポイント

片脚を上げても片側に重心が寄らないように、真ん中を保つ

NG

頭が下がったり、腰が反ってしまうほど脚を高く上げないように

体幹トレーニング［四つ這い］

exercise 4 アッパーローテーション

1 フォーム

●肩の真下に手をつき、股関節の真下にヒザをつく

2 エクササイズ

●片手を頭の後ろに置く
●息を吐きながら、中心からカラダをひねり、回旋する

背骨の真ん中（胸椎７～８番目）から動かす意識で行う

3 コンディショニングポイント

カラダの真ん中感覚を保ったまま行う

exercise 5 ダイアゴナル

手脚がラクに動くように、コアの意識（呼吸）をもつ

1 フォーム

●肩の真下に手をつき、股関節の真下にヒザをつく

↓

中心軸を保ちながら、手脚を動かす

2 エクササイズ

●片手片脚を対角に上げる

頭の位置も動きと連動させる

3 コンディショニングポイント

背骨の真ん中感覚を保ちながら手脚を動かす

NG

手脚を大きく動かし過ぎると、中心が保てず背中が反り、バランスがくずれる

リンク
トレーニング
［ヒザ立ち］

いよいよ重力に逆らう ヒザ立ち

exercise 1 ニーディング

脚の影響を取り除いた、体幹と手脚のリンクトレーニング※。上体を動かしても、体幹と連動することで骨盤・股関節に影響を与えない動きをつくります。脚をそろえると骨盤底筋群《こつばんていきんぐん》にも効きます。

1 フォーム

- ハーフポールの平面側にヒザで立つ
- ヒザを上前腸骨棘《じょうぜんちょうこつきょく》の真下に置く
- おへそ、胸骨、鼻筋と、カラダの真ん中を確認する

ウエストに手を置き、呼吸でこの姿勢を保つ準備をする

2 エクササイズ

- ウエストに手を添え、息を吐く

真ん中感覚を意識しながら、息を吐いたときにお腹が中央によるイメージで呼吸する

中心を保つことができないと、股関節が屈曲してしまう

3 コンディショニングポイント

股関節が上体の動きを受け止めて、軸がブレない感覚を習得。脚の影響を取り除いているので、骨盤・股関節と体幹の連動もできる

※リンクトレーニングは、ヒザ立ちから立位で行う。背骨が立ち上がり、股関節、ヒザ、足部の動きと体幹の連動、および肩、腕の動きと体幹の連動をトレーニングする

リンクトレーニング［ヒザ立ち］

exercise 2 アームモーション

1 フォーム

●ハーフポールの平面側にヒザで立つ
●ヒザを上前腸骨棘の真下に置く
●おへそ、胸骨、鼻筋と、カラダの真ん中を確認する

2 エクササイズ

●息を吐きながら、腕を横から上、前から上と動かす

真ん中感覚を意識しながら行う

→

←

3 コンディショニングポイント

腕を動かしても状態がブレないことを意識する

リンクトレーニング［ヒザ立ち］

exercise 3 ローテーション

1 フォーム

●ハーフポールの平面側にヒザで立つ
●ヒザを上前腸骨棘《じょうぜんちょうこつきょく》の真下に置く
●おへそ、胸骨、鼻筋と、カラダの真ん中を確認する

2 エクササイズ

●手を胸の前で合わせる
●息を吐きながら、両手を左右に動かす

真ん中感覚を意識しながら、肩幅の範囲で手を動かす

↔

肩甲骨の下（胸椎７〜８番目）からカラダをひねる

3 コンディショニングポイント

胸骨の前で手を真っすぐ伸ばすように、前に出す意識で。動きは小さくていい

リンクトレーニング［ヒザ立ち］

exercise 4 腕振り

1 フォーム

- ハーフポールの平面側にヒザで立つ
- ヒザを上前腸骨棘の真下に置く
- おへそ、胸骨、鼻筋と、カラダの真ん中を確認する

腕をリキませずに、自然に振る。真ん中感覚を意識しながら行う

2 エクササイズ

- 走るときの腕振りのように腕を振る

3 コンディショニングポイント

股関節が上体の動きを受け止めて、軸がブレない感覚を習得する。脚の影響を取り除いているので、骨盤・股関節と体幹の連動を習得する

股関節・ヒザ・足裏と体幹の連動

リンクトレーニング［ランジ］

exercise 1 ランジ

下肢と体幹の連動のリンクトレーニング。二足歩行するときの体幹の動きに近い形でのカラダの使い方を習得します。ヒザを浮かせると、下肢の筋トレにもなります。

1 フォーム

- ヒザを上前腸骨棘《じょうぜんちょうこつきょく》に合わせて立てる
- うしろのヒザは股関節の真下。ヒザ関節は 90 度で立つ

ヒザを浮かせると強度が上がる
ウエストに手を置き、腹横筋を意識する
恥骨からおへそ、胸骨、鼻筋を一直線、真ん中を確認

2 エクササイズ

- 足裏パワーポジションで床を圧し、それにヒザ、上体が連動する

3 コンディショニングポイント

上体の真ん中を保ったまま、足裏で床を圧すこと。ヒザを浮かせた場合は、後ろ足でも足裏パワーポジションを感じる。カカトの位置を変えない

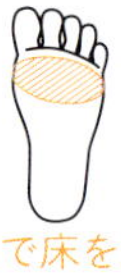

ここで床を圧す

リンクトレーニング［ランジ］

exercise 2 足裏パワーポジション※

1 フォーム

●ハーフポールの平らな面にランジのフォームで乗る

2 エクササイズ

●前足のツマ先を持ち上げ、足裏のパワーポジションを感じる

上体はヒザの動きに連動する感じで行う
パワーポジションに乗るようにヒザを少しだけ前方に
真ん中を意識しながら呼吸とともに行う
前足のツマ先を持ち上げる

ここで床を圧す

上体を前方に動かすのではない

NG

3 コンディショニングポイント

上体は、真ん中感覚で上に引き上がるイメージ。下肢が上体の動きを受け止めて、下肢も軸もブレない感覚を習得する

※足裏パワーポジションは、足指のつけ根で床を圧す感覚で力を入れる場所

リンクトレーニング［ランジ］

exercise3 アームモーション

1 フォーム

●ハーフポールの平らな面にランジのフォームで乗る

真ん中を意識する

腕を動かしているときに、頭の位置は変えないようにする

腕が上がったときに、軸が上方に立ち上がる感覚で行う

2 エクササイズ

●息を吐きながら、腕を前から上、横から上に動かす

3 コンディショニングポイント

腕の動きにつられて、胴体が動かないように真ん中感覚を意識する

ここで床を圧す

リンクトレーニング［ランジ］

exercise4 側屈

1 フォーム

●ハーフポールの平らな面にランジのフォームで乗る
●真ん中を意識する
●片腕を頭上、片腕を体側にポジショニングする

2 エクササイズ

●息を吐きながら、片腕をさらに上に上げ、もう片腕をさらに下に下げる

腕を動かしているときに頭の位置は変えないようにする

腕の動きにつられて、胴体が動かないように真ん中感覚を意識

3 コンディショニングポイント

腕を上げた側は軸が上方に立ち上がる感覚。腕が下にある側はウエストが縮む感覚をもつ（側屈の筋肉とコアの連動）

ここで床を圧す

リンクトレーニング［ランジ］

exercise 5 回旋

●ツイスト

肩の高さを変えないように真ん中を意識する（視線を指先に）

1 フォーム

●ハーフポールの上にランジの姿勢で乗る
●真ん中を意識し、手を胸骨の前で合わせる

2 エクササイズ

●息を吐きながら、肩幅の間で合わせた手を左右に動かし、背骨の回旋を誘導する

3 コンディショニングポイント

合わせた手がズレないよう、背骨から回旋させる意識

●ローテーション

真ん中感覚を意識しながら行う

1 フォーム

●ハーフポールの上にランジの姿勢で乗る
●真ん中を意識し、手を胸骨の前で合わせる

2 エクササイズ

●息を吐きながら、片腕を後ろに引き、そのままカラダをひねる

3 コンディショニングポイント

ひねるほうはカラダの真ん中（胸骨７～８番目）からひねり、反対は胸骨の前で手を真っすぐ伸ばすように前に出す

リンクトレーニング［ランジ］

exercise 6 屈曲・伸展

1 フォーム

●ハーフポールの上にランジの姿勢で乗る

●真ん中を意識し、手をバンザイのように上げる

2 エクササイズ

●息を吐きながら、カラダを股関節から前に倒す

●股関節から元に戻し、後ろに少し反る

軸がしなやかに前後に動く感覚

カラダを動かしても下肢がぐらつかない感覚
ハアー

3 コンディショニングポイント

下肢が上体の動きを受け止めて、軸がブレない感覚を習得する

リンクトレーニング［立位］

立位で軸の連動と体幹を確立する

スタンディング

いよいよ立ち上がっての体幹トレーニング。立ったときの足裏・下肢・上肢と体幹の連動を習得します。手脚を動かしても軸がブレない感覚を身につけましょう。

exercise 1 ヒップスクィーズ

1 フォーム

- カカトを合わせ、ツマ先を少し開く
- 恥骨からおへそ、胸骨、鼻筋を一直線、真ん中を確認する

左右のお尻にくぼみができるよう力を入れる

POINT

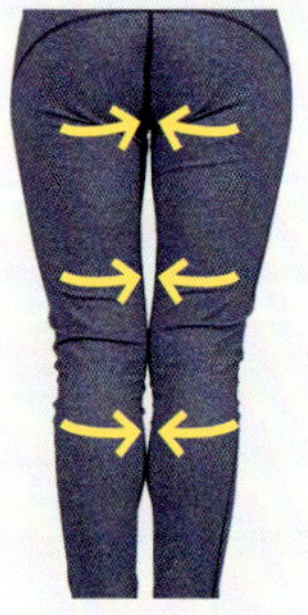

大殿筋と内転筋を意識

リラックスした状態なのでヒザの間にすき間がある

脚、ヒザ、ふくらはぎがつく

2 エクササイズ

- ヒザを伸ばしながら股関節を外回し（ヒザを外に回すように）する
- 息を吐きながら行う

3 コンディショニングポイント

真ん中感覚を感じながら、内もも、殿筋《でんきん》下部を意識する

リンクトレーニング［立位］

exercise 2 ストレートカーフレイズ

ハアー
内もも、殿筋下部を意識し、
おへそを真上に持ち上げる
ようにカラダを引き上げる
おへそが真上に持
ち上がるイメージ
真ん中軸を意識する

1 フォーム

- カカトを合わせ、ツマ先を少し開く
- 恥骨からおへそ、胸骨、鼻筋を一直線、真ん中を確認する

2 エクササイズ

- 息を吐きながら、ヒップスクィーズの状態を保つ
- カカトを上げ、カラダの中心を真上に引き上げる

3 コンディショニングポイント

カカトを上げる際、頭、首、肩に力が入らないようにする

POINT

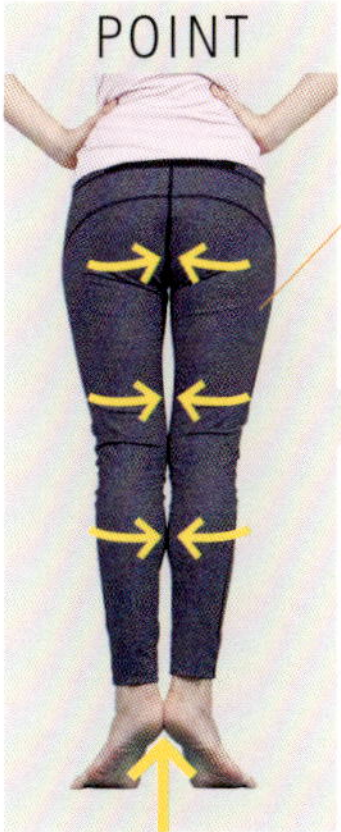

お尻がギュッと中央に寄る感じ

ここで
床を圧す

NG

カラダは真上に持ち上げる。前のめりはコアを使えていない

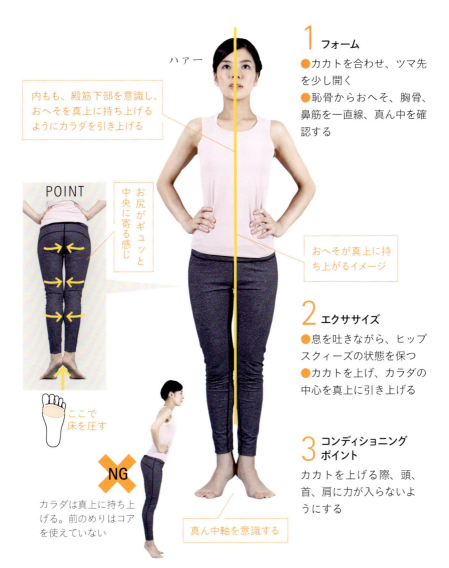

リンクトレーニング［立位］

exercise 3 スタンディングツイスト

ハアー

肩の高さを変えないように真ん中を意識する（視線を指先に）

1 フォーム

●スタンディングの姿勢で真ん中を意識する

●手を胸骨の前で合わせる

2 エクササイズ

●息を吐きながら、肩幅の間で合わせた手を回旋させ、背骨の回旋を誘導する

3 コンディショニングポイント

合わせた手がズレないよう、背骨から回旋させる意識

リンクトレーニング［立位］

exercise 4 スタンディングローテーション

ハアー

骨盤、股関節は上体の動きにつられない

1 フォーム

●スタンディングの姿勢で真ん中を意識する

●手を胸骨の前で合わせる

2 エクササイズ

●息を吐きながら、片腕を後ろに引き、そのままカラダをひねる

3 コンディショニングポイント

ひねるほうはカラダの真ん中（胸骨７～８番目）からひねり、反対は胸骨の前で手を真っすぐ伸ばすように前に出す

リンクトレーニング［立位］

exercise 5 ワイドスタンスローテーション

1 フォーム

●足を大きく開き、ヒザとツマ先の方向とそろえる
●ヒザを 90 度くらいに曲げる
●真ん中を意識し、手を胸骨の前で合わせる

2 エクササイズ

●息を吐きながら、片腕を後ろに引き、そのままカラダをひねる

ひねるほうはカラダの真ん中（胸骨7～8番目）からひねり、反対は胸骨の前で手を真っすぐ伸ばすように前に出す。真ん中感覚を意識しながら行う

3 コンディショニングポイント

ワイドスタンスで動く場合は、ヒザが上体の動きにつられないようにすることが、体幹のトレーニングとなる

ヒザを動かさないよう注意

リンクトレーニング
［立位 片脚］

片脚で軸の連動・体幹を確立する

スタンディング片脚

片脚立ちは、さまざまなスポーツ種目の集大成。片脚立ちで手脚を動かしたときに、片脚でぐらつくことなく、その姿勢を保てることが体幹のトレーニングです。リキまずに動くことがポイントです。

exercise 1 ヒザ上げ

1 フォーム

- ハーフポールの上に片脚立ちになる
- くるぶし、恥骨、おへそ、胸骨、鼻筋は一直線、真ん中を確認する
- 反対の脚はヒザを曲げ、内ももにつける

2 エクササイズ

- 息を吐きながら、曲げたヒザを上下する

3 コンディショニングポイント

真ん中感覚を感じながら動かす

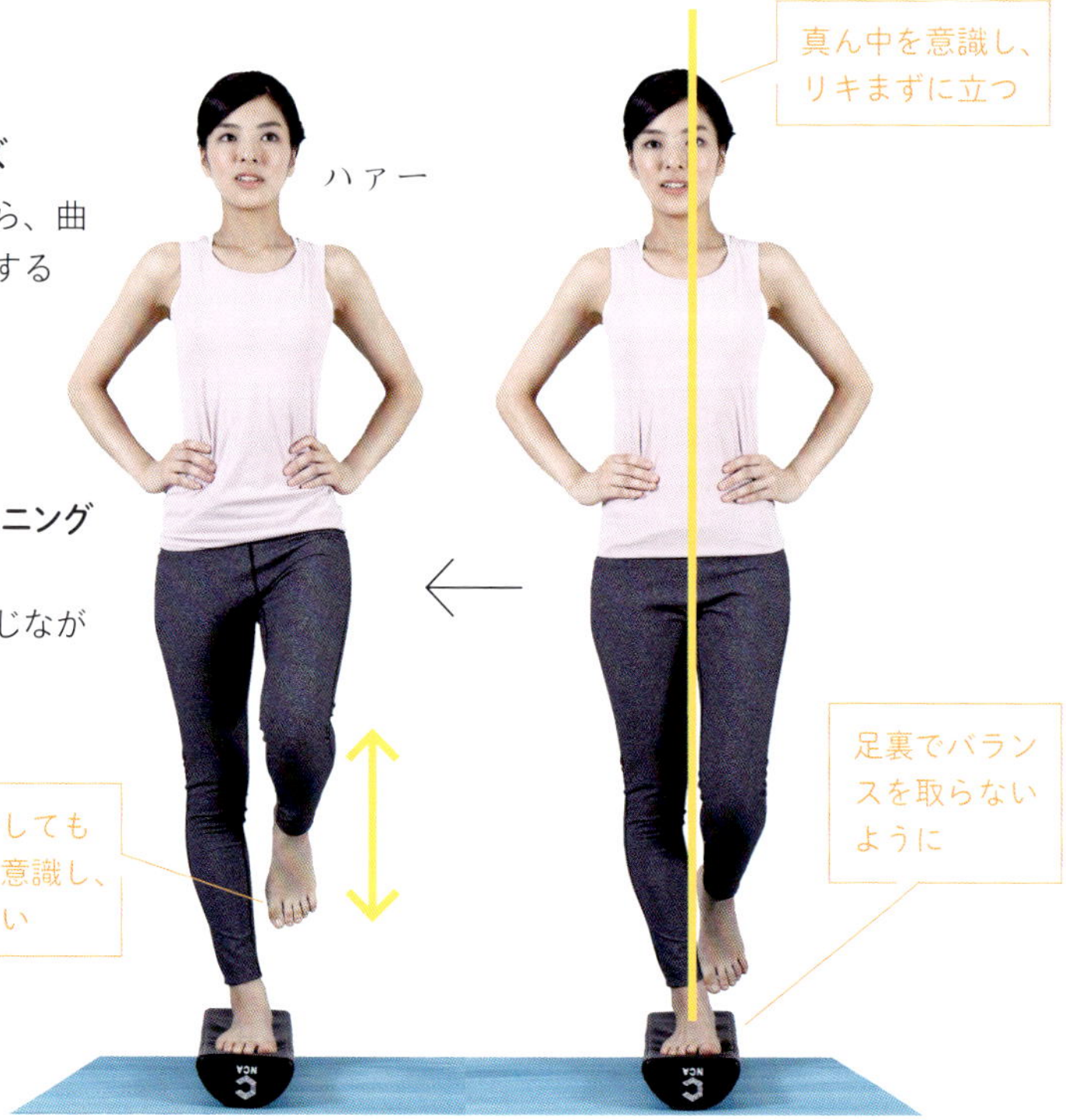
真ん中を意識し、
リキまずに立つ
ハアー
脚を動かしても
真ん中を意識し、
リキまない
足裏でバランスを取らないように

リンクトレーニング［立位 片脚］

exercise 2 ヒザを前後に振る

1 フォーム

- ハーフポールの上に片脚立ちになる
- くるぶし、恥骨、おへそ、胸骨、鼻筋は一直線、真ん中を確認する
- 反対の脚はヒザを曲げ、内ももにつける

NG

上体が前に傾いてしまう

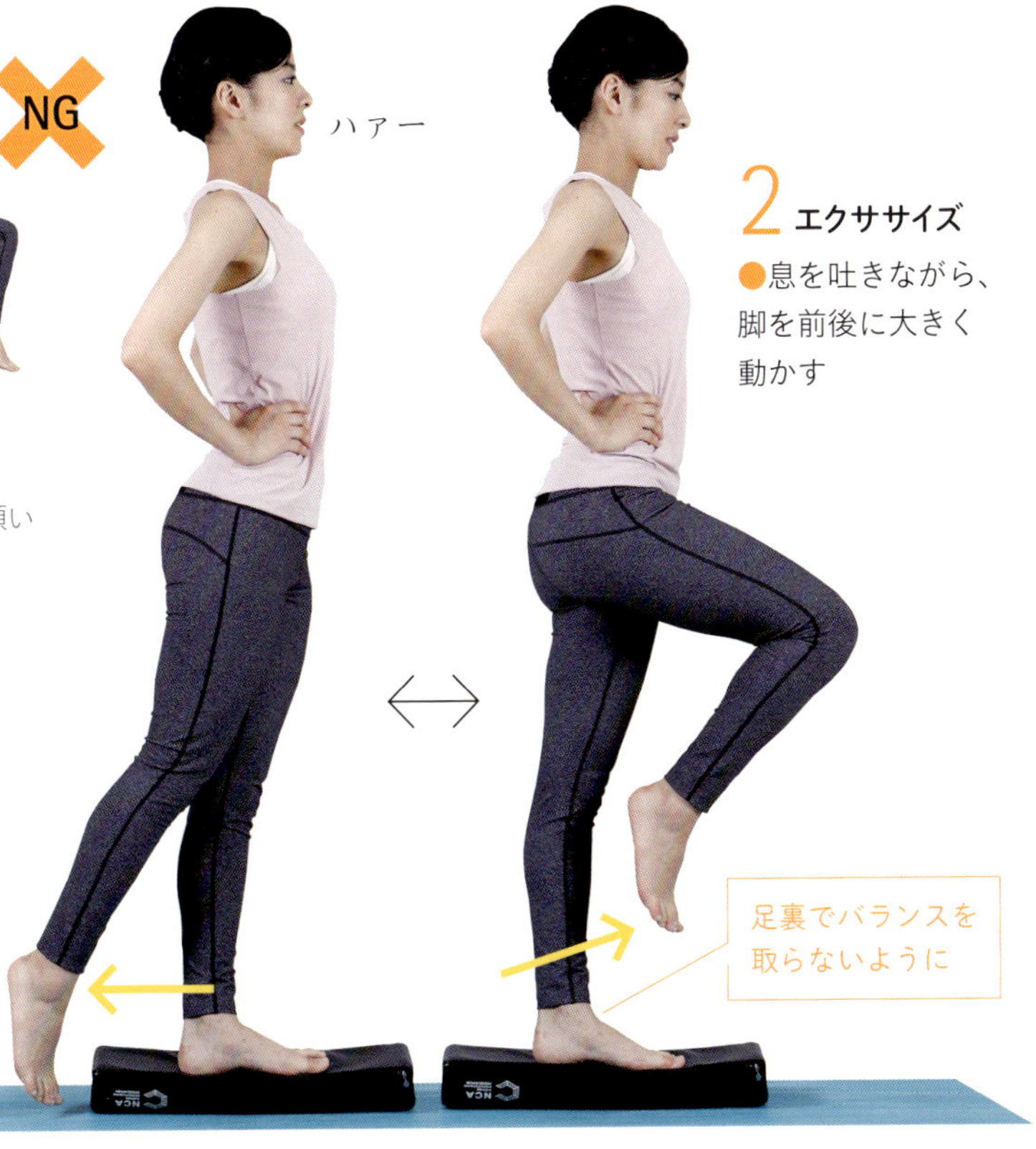
ハアー
足裏でバランスを取らないように

2 エクササイズ

- 息を吐きながら、脚を前後に大きく動かす

脚を動かしても真ん中を意識し、リキまない

3 コンディショニングポイント

真ん中感覚を感じながら動かす

リンクトレーニング［立位 片脚］

exercise3 アームモーション

ハアー

肩は下げたまま

足裏でバランスを
取らないように

1 フォーム

●片脚立ちの姿勢で、
真ん中を意識する

2 エクササイズ

●息を吐きながら、両手
を肩の高さに上げる

ハアー

ハアー

●両手を左右交互に
上下させる

●両手を真上に
上げる

頭の位置を
変えない

カラダが横に
倒れないように

腕が上に上がっ
たときに、軸が
上方に立ち上が
る感覚で行う

3 コンディショニングポイント

腕の動きにつられて、
胴体が動かないように
真ん中感覚を意識する

リンクトレーニング［立位 片脚］

exercise4 ツイスト

ハアー
肩の高さを変えないように真ん中を意識する（視線を指先に）

1 フォーム

●片脚立ちの姿勢で、真ん中を意識する
●手を胸骨の前で合わせる

2 エクササイズ

●肩幅の間で合わせた手を左右に動かし、背骨の回旋を誘導する
●息を吐きながら行う

3 コンディショニングポイント

合わせた手がズレないよう、背骨から回旋させる意識で

exercise 5 手脚 対角

1 フォーム

●片脚立ちの姿勢で、
真ん中を意識する

2 エクササイズ

●息を吐きながら、
手脚を対角に動かす

ハアー
息を吐くときに、
背すじが立ち上が
る感覚をもつ
手脚が動い
たときに真ん
中を感じる
片脚で動く場
合は、足裏で
バランスを取
る感覚ではな
く、軸で保つ

足裏でバランスを
取らないように

3 コンディショニングポイント

腕の動きにつられて、胴体が動か
ないように真ん中感覚を意識する

NG

手脚を動かすとき、
上体や頭がつられ
ないように

リンクトレーニング［立位 片脚］

exercise 6 腕振り

1 フォーム

●片脚立ちの姿勢で、真ん中を意識する

2 エクササイズ

●走るときの腕振りのように腕を振る

腕がリキまないよう、自然に振る

真ん中感覚を意識しながら行う

足裏でバランスを取る感覚ではなく、軸で保つ

3 コンディショニングポイント

股関節が上体の動きを受け止めて、軸がブレない感覚を習得する

ウォーキングで確立する体幹トレーニング

exercise 1 クロスウォーク

体幹トレーニングの最終形は歩き。歩いていても軸が安定することを体得します。下肢の動きと体幹の回旋の連動を引きだします。

1 フォーム

●カラダの中心軸を保ち、ツマ先・ヒザを外に向けて立つ

←

2 エクササイズ

●息を吐きながら、一直線上を脚をクロスしながら歩く

手をウエストに添え、腹横筋《ふくおうきん》を促通する

3 コンディショニングポイント

脚全体を外回し、内転筋群を意識する

●手を頭の上に伸ばし背筋を伸ばす
腕がどの位置にあっても、脇下を意識し、肩を下げる
真ん中感覚を意識しながら行う

●手を胸の前に上げ中心を意識する

リンクトレーニング［ウォーキング］

exercise 2 回旋クロスウォーク

1 フォーム

●カラダの中心軸を保ち、ツマ先・ヒザを外に向けて立つ
●手を胸の前に上げ中心を意識する

2 エクササイズ

●前にしている脚と反対側へ上体を回旋しながら、一直線上をクロスしながら歩く
●息を吐きながら行う

ハァー
上体は、左右の肩の高さを保ちながら、肩幅くらいに動かす
回旋しながら歩く
真ん中感覚を意識しながら行う

3 コンディショニングポイント

脚全体を外回し、内転筋群を意識する

リンクトレーニング［ウォーキング］

exercise3 壁付クロスウォーク

1 フォーム

●カラダの中心軸を保ち、ツマ先・ヒザを外に向けて立つ
●手を肩幅に上げ、カラダをゆっくりと前方の壁に倒す

2 エクササイズ

●上体を保ちながら、下肢を
クロスウォークのように動かす

頭の位置も保ち、
真ん中感覚を意
識しながら行う
上体は、左右の
肩の高さを保ち
ながら下肢を回
旋させる
脚全体を外回
し、内転筋群
を意識する
足裏で床を圧
しながら行う

3 コンディショニングポイント

中心軸がブレないことが一番大切なポイント！

リンクトレーニング
［ウォーキング］

後ろ歩きで
お尻と脚の筋肉と体幹を連動

バッククロスウォーク

後ろ歩きを行うことで、大殿筋《だいでんきん》、ハムストリングス、脚の後ろ側の筋肉と、体幹を連動させることを習得します。大股で走るときに必要な筋肉との体幹トレーニングです。

1 **フォーム**

●カラダの中心軸を保ち、ツマ先・
ヒザを外に向けて後ろ向きに立つ

ハアー
手をウエストに添え、腹横筋を促通する

2 **エクササイズ**

●息を吐きながら、後ろ向きに、一直
線上を脚をクロスしながら歩く

●両手を上げて胸の前でそろえ、息を吐きながら、後ろ向きに、一直線上を脚をクロスしながら歩く

3 コンディショニングポイント

脚全体を外回しし、大殿筋を意識する

エピローグ

Epilogue

最後までお読みいただきありがとうございます。

35年間運動指導をしていて、必ずぶつかる壁は、

「きついほうが効く」「つらいとやった気がする」

といった概念的に、感情的にトレーニングを感じるという事実です。

そこに正確性や運動生理学、機能解剖学が存在しないということです。

いつからこうなったのでしょう……科学は日進月歩です。筋肉の基礎は十分に研究されています。そして、筋肉のつき方や働きは変わりません。人間のカラダも変わっていません。ですから、理論を反映しないトレーニングは成功しないと思っています。

私は当時、あるアスリート（ドイツ人）の実用書を信じ、トレーニングを実践。自分の失敗を経てこの仕事をしています。後に理論を学んだとき、「なぜ理論背景と違ったことを強調するんだろう……」と思いました。その成功にも失敗にも何らかの理由があるはずです。その理由を明らかにしたいと考えた20代でした。

フィットネスの世界でも同じことが繰り返されており、筋肉の働き不在の方法論のみが世に出ているように思います。

「私はこれで成功したから」「昔っからこれでやっているから」

でも、それではいけないと思うのです。筋肉のこんな働きを利用したとか、こうやることが効果的だとか、理論背景を明確にして指導することが指導者の役目だと考えています。

本書はそんな思いを込めて書きました。私はライターさんにはリライト（誤字脱字、表現の方法）しか委ねず、自分の言葉で書いています。それは私が日ごろ使っている言葉を表現したいからです。「体幹・コア」は最近やっと認知され、世に出ていますが、正しく出ていないというのが実感で、この本の出版に至りました。

出版に際してはたくさんの方のご尽力があり実現しました。実業之日本社の石川さん、ライターの高橋さん、そしてこの本でデビューしたモデルの永田詩織は小社トレーナーです。彼女はコアトレ・体幹トレーニングの実践で本当に素敵なカラダになりました。そんな思いがたくさんの方に届きますよう、カラダをいとおしんでくださいね。

コンディショニングトレーナー　有吉与志恵

著者

有吉与志恵

ありよし・よしえ

健康な肉体づくりのプロとして、アスリート、タレントなどを含むのべ１万人以上の運動・美容と健康づくりを指導。運動指導者として30年以上の経験と知識に加え、機能解剖学や運動生理学、東洋医学の考え方を取り入れた継続可能な美容・健康維持方法を探究し、筋肉を鍛えるよりも「整える」ことで、体調と体形を劇的に改善する「コンディショニング　メソッド」を確立。都内５店舗のコンディショニング施設や書籍を通じて、幅広い層へのメソッド提供のほか、学校や企業向けの講演、指導者の育成にも情熱を注ぎ「コンディショニングで日本を元気に！」を掲げ､奔走している。著書には『コアトレゴルフ』(実業之日本社)、『表現スポーツのコンディショニング』(ベースボール・マガジン社)、『コンディショニングスタートブック』(学研プラス）など全21冊。

オフィシャルサイト　*http://ariyoshiyoshie.com/*

一般社団法人　日本コンディショニング協会（NCA）

2001年にスタートした「エアロフットセラピーインストラクター養成講座」を礎に、2009年、運動指導者および一般愛好家を対象に、コンディショニングに関する幅広い分野で、その方法の探求およびプログラム普及事業を行うとともに、コンディショニングを指導できる者を育成し、健康教育を通じた国民健康の振興及びスポーツ振興を図る活動推進に寄与することを目的として設立。「コンディショニングで日本を元気に！」を理念とし、セルフコンディショニングによる健康への根本改善を全国に普及する。

オフィシャルサイト　*https://www.e-nca.jp/*

コンディショニングトレーナー。カラダトトノエラボ「Natural muscle」恵比寿店・店長。学生時代からスポーツトレーナーを目指し、けがの予防やパフォーマンス向上のためトレーニングなどを学ぶ。選手やその人のカラダに合ったトレーニングなどを伝えたいと思い入社。自分で自分のカラダを整えることができる「コンディショニング」の普及に努める。

モデル

永田詩織

ながた・しおり

NCA認定ボディコンディショニングポール　ハーフ

体幹トレーニングに欠かせないハーフポール。背骨(棘突起)をポールに預け、重力から開放しコンディショニングを行うことで、背骨まわりの筋肉が改善し、骨格も整ったゆがみのない状態に戻る。本書で使用したポールは、コンディショニング専門のネットショップ「Conditioninng Shop」(http://conditioning.jp/)で入手可能。単品6,000円、バッグ付き6,500円(税別)

カラダトトノエラボ「Natural muscle」

有吉与志恵が考案。ストレッチやマッサージとは違う、新感覚のがんばらない運動「コンディショニング」メソッドを提供するスタジオ。一人ひとりに適したトレーニングを専任のトレーナーが選択し、骨配列や筋肉を整え、「Natural muscle(本来の筋肉の状態)」を取り戻すことで、骨格や呼吸も改善し、カラダを"調子の良い状態(Good Condition)"に整える。最終的には、自分自身で体調や体型を整えることが可能になる。都内に5店舗を展開。

祐天寺店	東京都目黒区祐天寺1-22-5 エムワイビル2F	☎03-5721-7088
桜新町店	東京都世田谷区用賀3-8-1 ピアコヤマB1	☎03-5491-7537
外苑前店	東京都港区青山2-19-3 サザンキャッスルビルB1	☎03-5786-9357
恵比寿店	東京都渋谷区恵比寿1-8-4 ココスペース恵比寿4F	☎03-6409-6482
三軒茶屋店	東京都世田谷区太子堂4-4-2	☎03-6804-0839

オフィシャルサイト　*http://naturalmuscle.jp/*

Staff

編集協力	高橋佳子
装丁・本文デザイン	株式会社ファーブル（西村巧、佐藤信男）
写真	小林司
イラスト	川崎敏郎・野口理美子
ヘアメイク	藤田愛子
衣装協力	ニュートラルワークス（株式会社ゴールドウイン）
撮影協力	ナチュラルマッスル恵比寿店

思《おも》いどおりのカラダになれる！

正《ただ》しい体幹《たいかん》トレーニング

2017年10月5日　初版第1刷発行

著者　有吉《ありよし》与《よ》志《し》恵《え》

発行者　岩野裕一

発行所　株式会社実業之日本社

〒153-0044　東京都目黒区大橋 1-5-1　クロスエアタワー 8 階

電話　編集＝ 03-6809-0452

販売＝ 03-6809-0495

ホームページ＝ http://www.j-n.co.jp

印刷・製本　大日本印刷株式会社

ISBN978-4-408-33721-0（第一スポーツ）